国家社科基金一般项目“STIT逻辑研究”
（17BZX086）结项成果

STIT 逻辑研究

贾 青 著

中国社会科学出版社

图书在版编目(CIP)数据

STIT 逻辑研究／贾青著．—北京：中国社会科学出版社，2022.4
ISBN 978－7－5227－0149－3

Ⅰ.①S… Ⅱ.①贾… Ⅲ.①逻辑学—研究 Ⅳ.①B81

中国版本图书馆 CIP 数据核字(2022)第 070940 号

出 版 人 赵剑英
责任编辑 田 文
责任校对 杨沙沙
责任印制 王 超

出 版 中国社会科学出版社
社 址 北京鼓楼西大街甲 158 号
邮 编 100720
网 址 http://www.csspw.cn
发 行 部 010－84083685
门 市 部 010－84029450
经 销 新华书店及其他书店

印 刷 北京君升印刷有限公司
装 订 廊坊市广阳区广增装订厂
版 次 2022 年 4 月第 1 版
印 次 2022 年 4 月第 1 次印刷

开 本 710×1000 1/16
印 张 13
字 数 163 千字
定 价 69.00 元

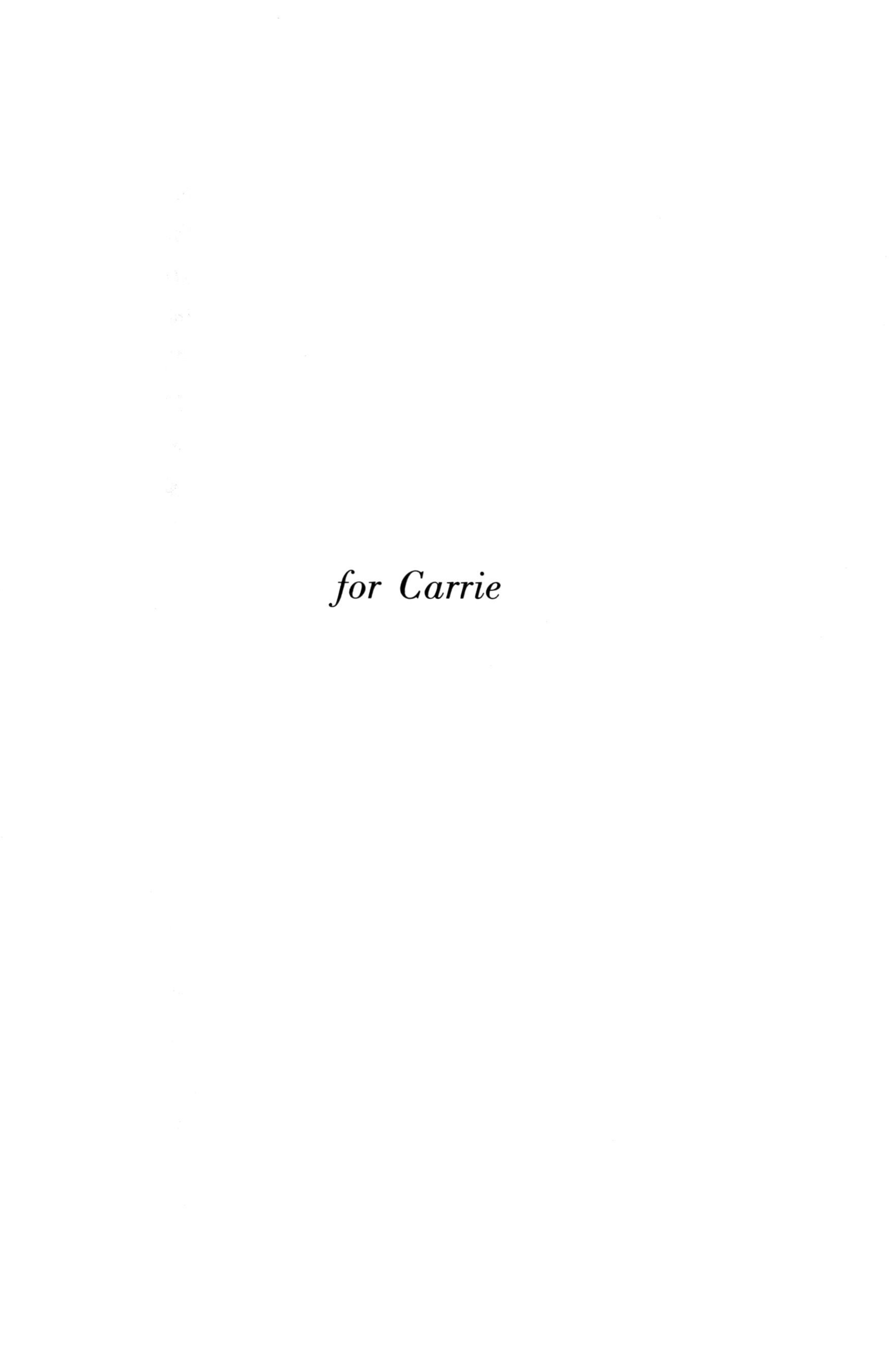

for Carrie

引　言

STIT 是英文“see to it that”的缩写。“see to it that”在中文里可被译为“确保”或“确定”。STIT 逻辑所要刻画的是 agency。agency 在中文里并没有对应的语词，因此对其翻译有很多种，这里我们将 agency 译为主事性。之所以使用这一翻译是因为 STIT 逻辑建立在 agency 是一种具有客观性的意向性这一基础之上，即 agency 是一种行动者与客观世界之间的二元关系，而行动则是实现这一二元关系的手段或者方式。例如，对于“张三想要打开窗户”而言，“张三”（行动者）具有这一想法（意向性）之后，其就通过打开窗这一行动实现了“打开窗户”这一事件（结果），或者说使得“打开窗户”这一事件（结果）为真。所以 agency 所体现的就是行动者对事件（结果）的一种主导性，因此我们采用主事性作为 agency 的翻译。

STIT 逻辑作为一种主事性的逻辑，实际上其所要刻画的就是行动者与事件之间的二元关系，即行动者确保某一事件（结果）为真的这一二元关系。如果令 α 表示任一行动者，A 表示任一语句，[ ] 表示任一 stit 算子，那么 [α] A 就表示行动者 α 确保 A 为真的这一行动。例如，对于小明游泳这一行动，在 STIT 逻辑中就可以表示为：[小明] 小明游泳，即小明确保其（小明）游泳为真的行动。

正因为主事性这一特征将行动从事件中区分了出来，所以作为一种主事性逻辑的 STIT 逻辑才被称为行动逻辑，其特点就是着重刻画行动的构成方式（即体现主事性），而不是将行动作为基本单元使用。从 STIT 逻辑中对行动的刻画出发，还能对道义逻辑、祈使句逻辑、言语行为理论等与行动刻画相关的不同理论进行重新解读或者刻画。

因此，我们将分别从以下几个章节来说明 STIT 逻辑的主要内容：

第一章：哲学背景与 STIT 逻辑简介

本章首先介绍有关主事性的一些主要哲学理论以及刻画主事性的一些逻辑理论，其次介绍了经典 STIT 逻辑的主要内容，以期让大家对主事性以及 STIT 逻辑有一个初步的了解。

第二章：基本理论的拓展与修正

经典的 STIT 逻辑还存在自身的一些问题或者说待改进之处，因此，本章中我们主要介绍一些针对经典 STIT 的拓展与修正之处。

例如，经典 STIT 逻辑以分支时间逻辑为基础来给出语义解释，因此经典 STIT 逻辑中无法刻画地点参数，所以才要引入分支时空逻辑作为 STIT 逻辑的新基础以便于容纳地点参数；STIT 逻辑在句法层面所刻画的是主事性但却没有给出行动的逻辑刻画，所以事件因素在句法层面的引入就是为了解决这一问题；经典 STIT 逻辑所刻画的主要是瞬时行动，对连续行动的刻画和讨论则相对较少，因此给出连续行动，特别是不同类型连续行动的逻辑就是一个需要研究的重要问题；另外，内涵因素的引入以及在内涵基础上时间逻辑的改写都是对 STIT 逻辑基础的重要修改，为 STIT 逻辑的进一步发展提供了很多可能的基础和方向。

第三章：与动态逻辑的交叉

STIT 逻辑与以 PDL 为基础的动态逻辑都是刻画行动的逻辑理论，因此这两种逻辑理论之间有什么区别和联系以及如何将两种逻辑理论的优势融合到一起就是本章所要讨论的主要问题。

第四章：STIT 逻辑在其他领域的应用

很多逻辑甚至语言哲学中的研究领域都与行动的刻画有关，因此，在 STIT 逻辑的基础上就能对这些相关领域进行新的解读或者刻画，例如，言语行为理论和道义逻辑就是这样两个与行动刻画有关的研究领域。

另外，本书的附录中还补充了一些相关的理论和内容，以便于读者对这些理论有一个更为全面的了解。

目　录

第一章　哲学背景与 STIT 逻辑简介

STIT 逻辑是刻画主事性（agency）[①] 的逻辑，因此本章将首先介绍什么是主事性以及主事性的模态逻辑研究，进而给出经典的 STIT 逻辑中的重要形式化工作。

一　哲学背景：主事性的模态逻辑进路[②]

在行动理论中，行动（actions）被认为是事件（events）中的一个特殊类别，而将行动从事件中区分开来的就是主事性，也就是说行动可被视为具有主事性的事件。主事性虽然是行动理论中的一个重要概念，但是关于这一概念如何界定的问题却存在诸多争论，在本章中，我们将首先梳理主事性的几种主要定义方式，并且指出这些定义方式中存在的问题，然后介绍关于主事性的几种重要的研究视角以及这些研究视角下的主要研究课题，最后介绍主事性的模态逻辑研究视角以及

---

① 术语“agency”在中文里常被译为主动性、能动性或者行动能力，但是 agency 在本质上实际是行动者与事件之间的一种二元关系，因此本书中借鉴了语言学中对 agency 的翻译（语言学中将 agency 翻译为施事、主事），将 agency 翻译为主事性。

② 本节内容已发表，参见贾青《主事性的模态逻辑进路》，《重庆理工大学学报》2018 年第 9 期。

一系列的模态逻辑研究方案，并说明在特定哲学假设（如不确定性假设等）的基础上模态逻辑方案能够给出主事性不同的刻画方式，并利用逻辑的句法和语义这两部分说明不同主事性刻画方案之间的区别和联系。

（一）主事性的界定

主事性可以被简单地刻画为行动者（actor）独立行动（act）以及自主选择的一种能力。如果将行动视为一种事件，那么主事性就构建了行动者和事件之间的一种二元关系。然而无论是将主事性界定为一种能力还是将主事性抽象为一种二元关系，这些刻画方式都没能给出一个较为精确的对主事性的界定，更没能将主事性化归为更简单易懂的概念或者术语。因此，虽然主事性是行动理论中最为基础的一个概念，但是关于这一概念的界定或者化归却没有一个统一的说法，总的来说，主要有以下几种理论：

1. 用意向性（intention）或者意向性行动（intentional actions）定义主事性

由于主事性将行动从事件中界定出来并且进一步将某一活动归结为某一行动者的行动，所以对主事性的界定与对行动或者行动者的界定往往是密不可分甚至是等同的。例如 D. Davidson 将行动者界定为：如果存在一种描述方式能够使得某人的所做是有意向性的，那么其就是该行动的行动者。[①] 具体来说，这一定义要求主事性具备两个条件：其一，该主体所作出的是一个意向性行动，即那种由主体的信念以及愿望所引发的行动；其二，要存在一种描述方式能够将这一行动描述为

---

① D. Davidson, "Agency (1971)", reprinted in *Essays on Actions and Events*, Oxford: Clarendon Press, 1980: 43 - 61.

一个意向性行动。

举例来说，我们可以构建下面这一场景：在桌子上放着一杯咖啡，这时我却认为杯子里放的是茶并且走过去打翻了这个杯子。

在这一情境下，如果我说“我打翻了咖啡”，那这就不是一个意向性行动，因为我的意向性是要打翻茶而不是咖啡。然而，如果我说“我打翻了杯子里的内容物”，那么这就是一个意向性行动，因为虽然我的意向性是要打翻茶，而不是杯子里的咖啡，但是打翻杯子内容物的这一意向性是确实存在的，在“我打翻了杯子里的内容物”这一描述下，主体或者行动者所做的就是一个意向性行动。

主事性的这一定义方式最大的问题就是，按照行动理论的传统观点，主事性应该是比意向性更为基础的概念，但是这一定义方式却将主事性的界定建立在对意向性特别是意向性行动的描述之上，因此很容易让人感到不直观。另外，相较于主事性问题而言，意向性问题在界定、化归以及构成方式等方面所存在的争议更大，因此，将意向性概念作为界定主事性概念的基础就会出现根基不牢的问题，更不利于主事性问题的理解。

2. 用导因（cause）定义主事性

R. Chisholm 以及 D. Bennett 等指出由于很多事件（结果）都是由主体或者行动者所做的某些事所导致的，[①] 因此可以说如果某人的行动导致或者诱发了某件事的发生，那么其行动就是该事件的导因。[②] 这时主事性就体现在行动者所作出的行动导致或者诱发另一行动的过程中。例如，我吃饭这一行动就会导致我感觉自己饱了这一结果或者事件。

① R. Chisholm, “Freedom and Action”, in *Freedom and Determinism*, K. Lehrer (ed.), New York: Random House, 1966: 11 – 44.

② D. Bennett, “Action, Reason, and Purpose”, *The Journal of Philosophy*, 62 (4), 1965: 85 – 96.

但并非所有结果事件都是由某一行动者的行动所导致的。例如 Davidson 所定义的初始行动（primitive actions），即那些并不受其他行动影响而导致的身体移动（bodily movement），例如弯曲手指等。对于这类行动而言，这一定义方式就是不成立的。

3. 用影响来定义主事性

这一理论由 J. Feinberg 提出。[①] 该理论指出当我们用因果（causality）来刻画主事性的时候，更应该注重的是某一行动的影响（effect）而不是原因，因此相较于用原因或者导因来定义主事性，更合理的方案是使用影响来界定主事性。例如某个主体的身体碰到了开关、打开了开关并使房间变得明亮起来。在这一系列描述或者表达中很难说清哪些是意向性行动哪些不是意向性行动，因此用意向性来界定主事性是不合理的。实际上主事性就体现在行动者及其行动所导致的结果中。

然而，在该界定中，影响或者结果只能归结于行动者。例如某一行动者挥舞球杆击中了一个棒球，而这个棒球飞起来之后打破了一扇玻璃。在这一情境中这一行动者击中了棒球，棒球的弧线运动导致其打碎一扇玻璃，但是主事性却很难被归结到棒球的弧线运动上去。我们也不能说行动者对打碎一扇玻璃这一影响或者结果具有主事性。

上述这三种主要的界定方案多多少少都存在自身的问题或者缺陷，而这也使得对主事性的界定很难获得学者们较为一致的认可。我们只能说在这些方案中，使用意向性或者意向性行动界定主事性的方法得到了较多学者的认可，有时甚至被称为是主事性的标准概念，本书中我们对主事性的讨论也将以这一界定为基础而展开。

---

① J. Feinberg, "Action and Responsibility", in *Philosophy in America*, M. Black (ed.), London: George Allen and Unwin Ltd, 1964.

（二）主事性的不同研究视角

主事性是行动理论中的重要研究对象，另外行动理论中对意向性以及自由意志（free will）等问题的研究也大多与主事性相关。除此之外，在科学哲学（例如生物学哲学等）、语言哲学以及道德哲学、形而上学等领域中，主事性也都是重要的讨论话题。

行动理论以行动何以构成以及行动如何产生或者履行等问题为研究对象。因此作为将行动从事件中区分出来的主事性就成为行动理论中的重要研究领域。上文中我们介绍了主事性的几种定义方式，无论以主事性的何种定义方式为基础，如果进一步发问的话都会涉及的问题是，主事性的天性（nature）是什么？主事性这一行动者和事件之间的二元关系如何被构建等形而上学问题，因此学者们提出了不同的解释框架以便于分析、解决这些问题。

在这些解释框架中最主要的有如下三种：事件因果式的（the event-causal）框架、行动者因果式的（the agent-causal）框架以及意志主义的（the volitionist）框架。事件因果式的框架和行动者因果式的框架都认为行动是带有特定因果历史的事件。[①] 两者的不同之处在于事件因果式的框架主张这种特定的因果历史是事件因果历史，[②] 而行动者因果式的框架则主张这种特定的因果历史是行动者因果历史。[③] 意志主义的框架不同于前两种框架的地方在于其认为主事性应该依据有意志的行动来解释。如果用意向性或者意向性行动来定义主事性的话，那么这种

① C. Ginet, *On Action*, Cambridge: Cambridge University Press, 1990.

② D. Davidson, "Agency (1971)", reprinted in *Essays on Actions and Events*, Oxford: Clarendon Press, 1980: 43 - 61.

③ R. Chisholm, "Human Freedom and the Self (1964)", reprinted in *Free Will* (2nd), G. Watson (ed.), Oxford: Oxford University Press, 2003: 26 - 37.

定义方式就是在事件因果式的框架下对主事性的界定。

除了主事性的形而上学问题外，涉及意向性、因果联系乃至自由意志等问题的话题也对主事性研究有很大的影响，与主事性研究密不可分。例如行动理论中被用来给出主事性解释的 BDI（belief-desire-intension）模型及其相关问题就与主事性研究联系紧密。

上述这些对主事性的研究主要考虑的还是单个行动者情况下的主事性问题，如果在行动者为多个的情况下，我们还需要考虑行动者被分享的主事性（shared agency）的问题。另外行动理论还研究行动者非人类的情况下是否具有主事性，如果具有的话主事性如何刻画等问题。

在科学哲学，特别是具体学科哲学中也存在很多关于主事性的研究。例如在生物学哲学中就有很多学者探讨主事性赖以构建的生物机体问题，例如若主事性存在的话，那么以什么样的生物学构造为基础才能产生出主事性，不同的生物学构造又会对主事性的产生造成什么样的影响等问题。①

近年来，随着心灵哲学的不断发展，很多关于主事性的行动理论研究、具体学科哲学研究以及道德哲学等方面的研究都被纳入心灵哲学这一研究领域中来。多学科的融合和交汇也为主事性研究提供了更广阔的视野和前景。

除了上述的研究视角外，在语言哲学以及语言学中，主事性也是一个重要的研究对象。由于主事性体现在行动者的行动中，而行动是由语言中的（及物或者不及物）动词来表达的，所以很多学者希望能给出一个动词列表，在这一列表中的动词所表达的都是行动，而不表达行动的动词则被拒斥在这个列表之外。例如 J. L. Austin 就曾指出，在哲

---

① K. Sterelny, *The Evolution of Agency and Other Essays*, Cambridge: Cambridge University Press, 2001.

学中“做一个行动（doing an action）”这一表达是一个极度抽象的表达，但实际上这一表达只是替代了以个体为主语的语句中处于谓词位置上的某一动词。因此……我们就可以给出一个适当的关于行动的字母表。[①] 语言哲学中的这一方案并没有得到很多学者的认同，其原因在于不管学者们怎么努力都不断会有反例出现。例如对于“摔了一跤”这一动词我们可以给出下面三个语句：

（1）为了吸引别人的注意，这孩子摔了一跤。

（2）他没看到路上的砖头，被绊了一下，摔了一跤。

（3）他摔了一跤，倒在了路边。

在这三个语句中，“摔了一跤”这一动词所表示的都不尽相同。在语句（1）中其表示了一个行动，在语句（2）中其表示了一个非行动的运动，而在语句（3）中其所表示的则不确定，需要进一步地分析和说明。由这一例子可知，由于语言，特别是动词在使用中的复杂性导致一个合适的区分主事性的列表很难被给出。

（三）模态逻辑进路

主事性的模态逻辑进路是借用模态算子刻画主事性的那类形式化研究方法的统称。主事性的这一研究方法采用形式逻辑的方式刻画主事性或者行动，能够在很大程度上摆脱自然语句中句法结构对主事性刻画的限制，除此之外这一刻画方法还能避免不必要的本体论承诺，因而受到很多学者特别是逻辑学家的青睐。

由于刻画或者分析道义概念、法律问题或者是行动构造的需要，现代的很多学者才开始关注主事性的模态逻辑构造问题。例如，W. Ho-

---

① J. Urmson and G. Warnock, *Philosophical Papers*, Oxford: Oxford University Press, 1979.

hfeld 给出了下面的表达式：

X 有权利反对 Y，因为他应该远离前者的土地。[①]

在这一表达式中，对主事性的表达是与对法律规范的表达混在一起给出的，即“有权利”这一主事性的模态构造被嵌入到了表达法律规范的表达式中。虽然这里还没有单独给出主事性的模态构造，但是已经可以看到其雏形。

将主事性的模态构造与那些表达法律规范或者其他道义规范的表达式真正区分开来的是 A. Anderson。[②] 其给出形式化表达式 M（x，p，y），其中 x 是行动者、p 是某一行动、y 是行动的接受者。M（x，p，y）就表示 x 执行被称为 p 的行动，且 y 是由 x 所执行的那个行动的接受者。除此之外，Anderson 还给出了一些推导规则，如~M（x，p，y）→M（x，~p，y）。虽然 Anderson 将主事性的模态结构单独区分了出来，但是紧接着其就将这一表达式与道义概念重新结合起来，而没有对主事性进行过多的独立研究。

在 Anderson 之后，F. Fitch 用“谋求（striving for）”和“导致（cause）”来定义“做 A”。[③] G. von Wright 则将主事性处理为模态算子或者拟模态算子，进而给出表达式 d（p/p）以表示行动者保持由 p 所描述的状态。[④] 由此可见，行动的接受者这一因素被逐渐地排除在主事性的表达式之外。

20 世纪 50 年代末到 60 年代，学者们在主事性或者行动的句法刻

---

① W. Hohfeld, *Fundamental Legal Conceptions as Applied in Judicial Reasoning and Other Essays*, New Haven: Yale University Press, 1919.

② A. Anderson, “Logic, Norms, and Roles”, *Ratio*, 4（36）. 1962: 36 – 49.

③ F. Fitch, “A Logical Analysis of some Value Concepts”, *Journal of Symbolic Logic*, 28（2）. 1963: 135 – 142.

④ G. von Wright, *Norm and Action: A Logical Inquiry*, London: Routledge and Kegan, 1963.

画方面进行了不同的尝试，例如 S. Kanger 和 H. Kanger 给出了表达式 X 导致 F（X causes F），其中 F 被假定为一个语句，且能被与其逻辑等价的语句所替换；[①] 在研究动词结构的过程中，A. Kenny 认为任何动词的“执行”都可被描述为：带来 p（bringing it about that p）；[②] Chisholm 则将主事性的基本构造定义为：存在一个事态 A 和一个事态 B，行动者作出 B 就会导致 A 出现。[③]

上述这些研究都是对主事性的模态逻辑构造的句法研究。在主事性的模态逻辑进路中，真正的语义学是在 20 世纪 60 年代末由 B. Chellas 给出的。[④] Chellas 首先给出了一个初始表达式$\Delta\tau\phi$，其中τ表示行动者，ϕ为某一语句，Δ则是一个二元模态算子。$\Delta\tau\phi$可被读作：τ确定ϕ（τ sees to it that ϕ）。Chellas 用这一形式化表达式来表示祈使句。在此基础上，可能世界语言学则被借用来给出这一形式化表达式语义。Chellas 之后，二元关系或者二元关系对被大量的学者用来给出主事性模态语义解释，进而产生了很多不同的方案。

在经历了 20 世纪 60、70 年代的发展之后，STIT 逻辑逐渐成为主事性模态逻辑进路中较为成熟的一种研究方案。在句法上，其使用算子“stit”来刻画主事性，形式表达式［α stit：A］被称为 stit 语句，其中α是行动者，A 是一个语句，stit 是英文 see to it that 的缩写，中文可表示为确保、确定。［α stit：A］就表示行动者α确保或者确定 A（α sees to it that A）。近年来 stit 语句更是被缩写为［α］A。由于 STIT 逻辑中存在不同的 stit 算子，如 astit、cstit、dstit 等，因此用不同的 stit 算

---

① S. Kanger and H. Kanger, “Rights and Parliamentarism”, *Theoria*, 32（2）. 1966：85－115.

② A. Kenny, *Action*, *Emotion and Will*, London：Routledge and Kegan, 1963.

③ R. Chisholm, “Symposium：Action, Motive and Desire, the Descriptive Element in the Concept of Action”, *Journal of Philosophy*, 90. 1964：613－625.

④ B. Chellas, *The Logical Form of Impretives*, Stanford：Perry Lane Press, 1969.

子所构建的 stit 语句就可通过在［α］A 中添加不同上标来区分，进而形成［α］^{a}A、［α］^{c}A、［α］^{d}A 等 stit 语句。

为了说明 stit 语句的句法特征，N. Belnap 等人给出了 stit 语句如下这些句法命题：[①]

命题 1（STIT 的主事性命题）对于任意的个体α，［α］A 总是具有主事性的；

命题 2（STIT 补充部分命题）对于任意的语句 A，［α］A 都是符合语法规则且有意义的；

命题 1 说明［α］A 总是将α描绘为执行某一个行动的行动者。命题 2 说明对于任意的语句 A 而言，其对α来说可能具有主事性也可能不具有。然而，在 stit 语句中，任何被填补在 stit 算子后面的语句 A 对于α来说都是具有主事性的。命题 1 和命题 2 放在一起就说明 stit 语句［α］A 中的 A 可以是任何语句，但是［α］A 对于α来说都是具有主事性的，虽然这种主事性可能是假的。

命题 3（STIT 改述命题）A 对于α来说是具有主事性的，仅在 A 通常能被改述为［α］A 的情况下。因此，大致说来，当 A ↔［α］A 时，A 对于α来说就是具有主事性的。

命题 3 说明对于任意的语句 A，无论其具有什么样的句法形式，是否是 stit 语句，如果其描述了一个行动者的行动且具有主事性，那么该语句就可被改写为 stit 语句。

命题 4（关于祈使句内容的命题）每一个祈使句的内容都是具有主事性的，无论在该祈使句的使用场合中，其语力如何。

按照言语行为理论的说法，任何的言语表达都由语力和内容两部分

---

① N. Belnap, M. Perloff and M. Xu, *Facing the Future: Agents and Choices in Our Indeterminist World*, New York: Oxford University Press, 2001.

构成。例如对于“开门!”这一祈使句而言，其语力就是表达说话者态度的部分，即命令，而其内容就是命题“我打开门”。由于祈使句是表达行动的语句，因此这一命题要求每一祈使句的内容都要具有主事性。

命题5（受限制的补充命题）与行动者和主事性有关的不同构造——包括道义陈述、祈使句和意向性陈述以及其他——都必须取主事性为其补充。

正如上文中所述，对于主事性的研究总是与道义逻辑、行动的刻画以及意向性等问题联系在一起，因此命题5就要求，无论这些研究中如何刻画道义陈述、祈使句等表达式，都应该将表达主事性的语句包含其中，这样才能体现其表达式中的主事性。

命题6（STIT 规范形式命题）在研究那些将主事性作为补充的结构中，如果补充部分都用且仅用 stit 语句填充，那么仅有迷惑会消失不见。

stit 语句能够精确地标示出具有主事性的语句，而自然语言中的动词却是不确定的，随着语境的变化，同一动词可能会具有主事性也可能不具有主事性，因此在涉及主事性的研究中使用 stit 语句明确标示出具有主事性的语句，能够帮助我们更加精确地对涉及主事性的问题进行研究，减少因主事性不清晰而带来的麻烦或迷惑。

在语义方面，与 Chellas 的做法不同，STIT 逻辑不再使用可能世界理论来给出主事性语句的语义解释，而是使用更为直观的分支时间（branching-time）逻辑。分支时间逻辑由 A. Prior 创立，[①] 后经 R. Thomason 的发展逐渐成形。[②] 简单来说，分支时间框架，或者简记为 BT 框架

---

① A. Prior, *Past*, *Present*, *and Future*, Oxford: Oxford University Press, 1967.

② R. Thomason, “Indeterminist Time and Truth-value Gaps”, *Theoria*, 36 (3). 1970: 264–281.

为一个二元组〈Tree，R〉，其中 Tree 是一个时间点的集合，R 是 Tree 上的二元关系，具体来说 R 可以是 Tree 上树状的偏序关系（可记为≤），也可是 Tree 上的树状严格偏序（可记为＜）。Tree 上每一个由时间点构成的极大支都是一个历史（可记为 h）。

STIT 逻辑的基本框架是在 BT 框架的基础上增加 Agent 和 Choice 形成的，其中 Agent 是行动者构成的集合，Choice 则是一个函数，其将行动者和时间点映射到历史的一个划分上去以便于刻画行动者在某一时间点下的选择。因此这一框架可被简记为 BT＋AC。另外 STIT 逻辑还给出了框架〈Tree，R，Agent，Choice，Instant〉以便于对形如 $[\alpha]^aA$ 这样的 astit 语句进行解释。其中〈Tree，R，Agent，Choice〉是一个 BT＋AC 框架，而 Instant 则是一个时间点的集合，这个集合中的时间点都是由不同历史上的相同时刻构成的。因此这一框架可被简记为 BT＋AC＋I。

在此基础上，$[\alpha]^aA$、$[\alpha]^cA$、$[\alpha]^dA$ 这三种主要的 stit 语句可被解释如下：

在框架 BT＋AC＋I 下，$[\alpha]^aA$ 在某一时间点 m 以及穿过 m 的某一历史 h 上为真，当且仅当：（1）正条件：存在一个早于 m 的时间点 w 使得行动者α在时间点 w 上的选择或者行动能够保证 A 为真；（2）负条件：存在一个晚于 w 的时间点 m_1 以及历史 h_1，使得 A 在其上为假。

在框架 BT＋AC 下，$[\alpha]^dA$ 在某一时间点 m 以及穿过 m 的某一历史 h 上为真，当且仅当：（1）正条件：行动者α在时间点 m 上的选择或者行动能够保证 A 为真；（2）负条件：存在历史 h_1，使得 A 在其上为假。

在框架 BT＋AC 下，$[\alpha]^cA$ 在某一时间点 m 以及穿过 m 的某一历史 h 上为真，当且仅当：行动者α在时间点 m 上的选择或者行动能够保证 A 为真。

直观来说，$[\alpha]^aA$ 为真，当且仅当在作出行动 $[\alpha]^aA$ 之后有一个评价时间点，从这个评价时间点往回看我们可以说，行动者α当初的选择保证了 A 为真且 A 并不是必然为真的；$[\alpha]^{d}A$ 为真，当且仅当行动者α当下的选择保证了 A 为真且 A 并不是必然为真的；$[\alpha]^{c}A$ 为真，当且仅当行动者α当下的选择保证了 A 为真。

由此可见，$[\alpha]^{a}A$ 和 $[\alpha]^{d}A$ 的语义都要求行动者的行动或者选择所保证为真的都是不必然为真的结果，这是因为像太阳从东方升起、1 加 1 等于 2 这种必然的结果或者事态与行动者的行动或者选择无关，也无需行动者加以干涉其真值都是确定的，而 STIT 所感兴趣的恰恰是由于行动者的行动或者选择才会为真的结果或者事态。$[\alpha]^{c}A$ 的语义没有这一条件则是为了更为接近模态逻辑以便于使用其中的技术手段。

在上述句法和语义的基础上，STIT 逻辑给出了一系列的公理系统并证明了一系列有用的元定理，除此以外还借用其技术手段讨论了言语行为、条件式道义陈述以及本能为他（could have done otherwise）等问题。

（四）小结

STIT 逻辑能够将具有主事性的语句精确地标示出，不会再出现自然语言中那种同一动词在不同语境下是否具有主事性不确定的情况。而且通过将 stit 语句作为补充部分添加到表示道义、法律以及意向性（特别是意向行动）的语句中还能帮助这些语句体现出明确的主事性，体现出主事性的刻画与这些语句之间的联系。因此 STIT 逻辑不但提供了一个研究主事性的模态逻辑方法，还能将主事性研究与其他一些与主事性相关的研究联系起来放在同一个框架下进行言说。另外，作为主事性的模态逻辑进路中的一种方案，相较于其他方案而言，STIT 逻辑还具有如下这些特点：

第一，STIT 逻辑能够处理主事性的叠置问题，即 stit 算子的叠置问题。通过 stit 算子的叠置，STIT 逻辑不但能够给出很多技术上的公理和规则，还能够刻画拒绝做（refraining）和做（doing）之间的联系。

第二，如何刻画做、拒绝做以及保持是行动理论或者说主事性理论中的重要研究课题，特别是如何刻画拒绝做才能够体现拒绝做中的主事性因素更是一个难以解决的问题，在 STIT 逻辑中，其将拒绝做定义如下：[α][¬[α]A]，即行动者α确保行动[α]A 不为真，并且证明在不涉及繁忙选择者的情况下，拒绝做某件拒绝做的事情就等于做这件事，即

$$[\alpha][\neg[\alpha][\neg[\alpha]A]] = [\alpha]A$$

第三，正如上文中所述，STIT 逻辑通过将 stit 语句嵌套到道义语句等其他语句中就可以刻画主事性与这些语句之间的联系进而帮助解决其他领域中的问题。

总之，作为主事性研究的模态逻辑方案之一，STIT 逻辑不但能加强主事性研究与其他领域的研究之间的联系，还能解决一些主事性模态逻辑进路中的重要问题，因此值得进行深入的研究和探讨。

二 STIT 逻辑简介①

本节中，围绕着主事性在逻辑学，特别是 STIT 逻辑中的分析与刻画这一问题，我们将主要介绍如下内容：(1) STIT 逻辑的句法和语义；(2) 繁忙选择者与不做的刻画；(3) 不同的 STIT 系统；(4) STIT 逻辑在不同领域中的应用；(5) 近年来的发展。

① 本节部分内容已发表，参见贾青《STIT 逻辑的发展与应用》，《哲学动态》2019 年第 6 期。

（一）STIT 逻辑的句法和语义

如上文所述，STIT 逻辑将主事性刻画为连接行动者（agent）和事件（event）的二元关系，因此如果用 stit 表示刻画主事性的二元算子、α表示行动者、A 表示任意语句的话，那么刻画主事性的语句就可被表示为：[α stit：A]，也可简记为［α］A。这类语句一般被称为 stit 语句。当然，STIT 逻辑中包含有不同的 stit 算子以便于对应人们对主事性的不同理解。其中，最主要的四个算子分别是：astit、bstit、cstit 以及 dstit。由这些算子所分别构成的 stit 语句就可被表示为：[α xstit：A]，其中 $x \in \{a, b, c, d\}$，也可简记为 $[\alpha]^x A$，其中 $x \in \{a, b, c, d\}$。

简单来说，STIT 逻辑所使用的语言主要就是在经典命题逻辑的基础上增加不同的 stit 算子以及表示行动者的符号构成的。具体来说，STIT 逻辑的语言一般可被定义如下：

定义 1.1　STIT 逻辑的语言中包含且仅包含如下这些初始符号：

（1）命题变元：p_0，p_1，…，

（2）行动者项：α_0，α_1，…，

（3）等价词：$=$，

（4）真值联结词：$\neg$，$\wedge$，

（5）模态算子：Sett：，

（6）stit 算子：$[-]^x -$，其中 $x \in \{a, b, c, d\}$

这一语言中，语句的构成规则如常，但还需增加如下两个规则：

（1）对于这一语言中任意的两个行动者项 α_0 和 α_1，$\alpha_0 = \alpha_1$ 是一个语句；

（2）对于任意的行动者项 α 以及任意的语句 A，$[\alpha]^x A$，其中 $x \in$

{a，b，c，d} 也是一个语句。

除此之外，其他的真值联结词、Sett 算子的对偶算子 Poss 以及其他算子的引入规则如常。我们使用大写英文字母 A，B，……来表示这些语句。

STIT 逻辑的语义是建立在分支时间逻辑（branching-time logic）基础上的，因此在介绍具体的 STIT 框架和模型之前，我们将首先给出分支时间逻辑的框架和模型。为简便起见，“分支时间”将被简记为 BT。

定义 1.2 BT 框架是一个二元组〈Tree，<〉且满足下面的条件：

（1）Tree 是一个由时间点构成的非空集，其中的时间点可被表示为：m_0，m_1，…；

（2）<是集合 Tree 上的严格偏序关系且满足下面的性质 NBB（no backward branching），即不向下分叉性：

NBB：对于 Tree 中任意的时间点 m_0 和 m_1，都存在 Tree 中另一时间点 m 使得 $m < m_0$ 且 $m < m_1$。

进而可得≤的定义如下：对于 Tree 中任意的时间点 m_0 和 m_1，$m_0 \leq m_1$ 当且仅当 $m_0 < m_1$ 或者 $m_0 = m_1$。

在集合 Tree 中每一个极大线性序都可被称为一支历史（history）。如果用 h_0，h_1，…表示不同的历史，那么集合 Hm 就可被用来表示所有穿过时间点 m 的历史的集合，即 $Hm =_{df} \{h: m \in h\}$。

定义 1.3 BT + I 框架是一个三元组〈Tree，<，I〉且满足下面的条件：

（1）〈Tree，<〉是一个 BT 框架；

（2）I 是一个非空的由时刻构成的集合[①]，其中的元素可被表示为 i_0，i_1，…。集合 I 中的元素满足下面的性质 UI（Unique intersection），

① 此处所谓的“时刻”可被简单理解为穿过所有历史的同一时间。

即唯一交性和 OP（order preservation），即保序性：

UI：对于任意的时刻 i 以及任意的历史 h，i∩h 仅包含一个元素并且这一元素可被记为 $m_{i,h}$；

OP：对于任意的两个时刻 i_0、i_1 以及任意的两个历史 h_0、h_1，$m_{i0,h0} < m_{i1,h0}$ 当且仅当 $m_{i0,h1} < m_{i1,h1}$。

对于任意的时刻 i 以及任意的时间点 m 而言，i（m）就表示时间点 m 属于时刻 i。

定义 1.4　对于任意的 BT 框架或者 BT + I 框架，其模型都是一个二元组〈F，v〉且满足下面的条件：

（1）F 是一个 BT 框架或者一个 BT + I 框架；

（2）v 是一个赋值函数，其为任意初始语句指派由时间点 m 和历史 h 所构成的对集中的一个子集并且这一对集满足下面的条件：

对于这一对集中任意的 m/h 而言，m ∈h。

定义 1.5　对于任意的 BT 模型或者 BT + I 模型 M，其赋值函数都可被扩充如下：

（1）如果 A 是一个初始语句，那么 M，m/h ⊨A 当且仅当 m/h ∈v（A）；

（2）M，m/h ⊨¬A 当且仅当并非 M，m/h ⊨A；

（3）M，m/h ⊨A∧B 当且仅当 M，m/h ⊨A 并且 M，m/h ⊨B；

（4）M，m/h ⊨Sett：A 当且仅当对于 Hm 中任意的历史 h^*，M，m/h^* ⊨A。

对于任意的 BT 模型 M，$\|A\|_m^M$可被用来表示集合｛h：M，m/h ⊨A｝。对于任意的 BT + I 模型 Mi，$\|A\|_i^{Mi}$ 可被用来表示集合｛h：Mi，$m_{i,h}/h$ ⊨A｝。在不引起歧义的情况下，表示不同模型的上标可被省略。

STIT 逻辑中所使用的框架是在 BT 框架或者 BT + I 框架的基础上分

别增加集合 Agency 以及函数 Choice 得到的，具体来说，可被定义如下：

定义 1.6 BT + AC 框架是一个四元组〈Tree，<，Agent，Choice〉且满足下面的条件：

（1）〈Tree，<〉是一个 BT 框架；

（2）A 是一个由行动者构成的非空集，其中的元素可被表示为 α_0，α_1，…；①

（3）Choice 是一个函数。对于任意的行动者 α 以及任意的时间点 m，Choice 都将 α 和 m 映射到 Hm 的一个划分上去。对于任意属于集合 Hm 的历史 h，$Choice_m^\alpha$（h）就表示$Choice_m^\alpha$中 h 所属于的唯一元素。除此之外，函数 Choice 还要满足下面的性质 NC（no choice between undivided histories），即未分叉无选择性和 IA（independent of agents），即行动者的独立性：

NC：对于任意的时间点 m 以及属于集合 Hm 的历史 h_0 和 h_1，如果存在一个时间点 m^* 使得 $m^* > m$ 且 $m^* \in h_0 \cap h_1$，那么对于$Choice_m^\alpha$中任意的元素 K，$h_0 \in K$ 当且仅当 $h_1 \in K$；

IA：对于任意的时间点 m 以及任意的函数 s（s 将任意的行动者 α 映射到$Choice_m^\alpha$中的一个元素上去），$\cap_{\alpha \in Agent} s(\alpha) \neq \varnothing$。

如果将 s 这样的函数称为选择函数（selection function），那么就可以用 $Select_m$ 表示时间点 m 上所有选择函数的集合。

定义 1.7 BT + I + AC 框架是一个五元组〈Tree，<，I，Agent，Choice〉且满足下面的条件：

（1）〈Tree，<，I〉是一个 BT + I 框架；

（2）集合 Agent 和函数 Choice 满足定义 1.6 中的要求。

---

① 在符号使用上，STIT 逻辑并未区分其语言中的行动者项和框架中的行动者，在不引起歧义的情况下，我们将沿用这一做法。

STIT 逻辑中的模型 BT + AC 以及 BT + I + AC 是分别在 BT 模型和 BT + I 模型的基础上增加符合定义 1.6 要求的集合 Agent 以及函数 Choice 得到的。

定义 1.8　对于任意的 BT + I + AC 模型 M，语句［α］^{a}A 的真值可被定义如下：

M，m/h ⊨［α］^{a}A 当且仅当存在一个时间点 w，w < m 且使得（i）$Choice_w^\alpha$（h）⊆‖A‖$_{i(m)}$，（ii）Hw 不是‖A‖$_{i(m)}$的子集。

定义 1.9　对于任意的 BT + AC 模型 M，语句［α］^{x}A，其中 x ∈ {b，c，d} 的真值可被定义如下：

（1）M，m/h ⊨［α］^{b}A 当且仅当存在属于 Hm 的历史 h* 使得 $Choice_m^\alpha$（h*）⊆‖A‖$_m$；

（2）M，m/h ⊨［α］^{c}A 当且仅当$Choice_m^\alpha$（h）⊆‖A‖$_m$；

（3）M，m/h ⊨［α］^{d}A 当且仅当（i）$Choice_m^\alpha$（h）⊆‖A‖$_m$，（ii）Hm 不是‖A‖$_m$的子集。

对于一个刻画主事性的语句而言，如果其主语是多个行动者（joint agents），那么这一语句所刻画的就是多重主事性（joint agency）。Belnap，M. Perloff and M. Xu［2001］中将多重主事性区分为一般的多重主事性（plain joint agency）和严格的多重主事性（strict joint agency）两种，并用 astit 算子对这两种多重主事性进行了形式刻画。简单来说，如果我们令 G 为集合 Agent 中的一个非空真子集，那么就可用［G］^{x}A（其中 x ∈ {a，b，c，d}）表示多重主事性。对于 Agent 中的任意非空真子集 G 以及 Tree 中任意的时间点 m，令$Choice_m^G$ = {$\cap_{\alpha \in G}$s（α）：s ∈ $Select_m$}，而$Choice_m^G$（h）就表示$Choice_m^G$中 h 所属于的唯一元素。在使用 astit 算子的基础上，如果用上标 a_1 表示一般的多重主事性，用上标 a_2 表示严格的多重主事性，那么在任意的 BT + I + AC 模型 M 下，语句

$[G]^{a1}A$ 和 $[G]^{a2}A$ 的真值可被定义如下：

（1）M，m/h $\models [G]^{a1}A$ 当且仅当存在一个时间点 w，$w < m$ 且使得（i）$Choice_w^G$（h）$\subseteq \| A \|_{i(m)}$，（ii）Hw 不是 $\| A \|_{i(m)}$的子集。

（2）M，m/h $\models [G]^{a2}A$ 当且仅当 M，m/h $\models [G]^{a1}A$ 并且对于 G 的任意非空真子集 F，并非 M，m/h $\models [F]^{a1}A$。

对于任意的 BT + AC 模型 M，语句 $[G]^{x}A$，其中 $x \in \{b, c, d\}$ 的真值可被定义如下：

（1）M，m/h $\models [G]^{b}A$ 当且仅当存在属于 Hm 的历史 h^* 使得 $Choice_m^G$（h^*）$\subseteq \| A \|_m$；

（2）M，m/h $\models [G]^{c}A$ 当且仅当$Choice_m^G$（h）$\subseteq \| A \|_m$；

（3）M，m/h $\models [G]^{d}A$ 当且仅当（i）$Choice_m^G$（h）$\subseteq \| A \|_m$，（ii）Hm 不是 $\| A \|_m$的子集。

由上文中所给出的简要介绍可知，如同很多的哲学逻辑分支一样，STIT 逻辑的技术工作也是建立在一系列的假设基础上的，这其中主要的假定有如下这些：

（1）STIT 逻辑中所谈论的可能性是“真实的可能性”，即有可能在现实生活中发生的那些“可能性”而不会是随意构想的“可能性”。例如，我可能选择走路或者骑自行车去上课，因为这些都是现实生活中会发生的情况，但是自己飞过去上课却不会在我所考虑的可能性中，因为人是不会飞的；

（2）如果不存在备选的可能选择，就不会存在真实的选择。例如，我们走路时只有在存在岔路口的情况下才需要选择走哪一条道路，在不存在岔路口的情况下，我们是没有办法作出选择的；

（3）没有真实的选择就没有真实的行动。

（4）因为备选的可能性不会是不相容的，因此不会出现在某一个历史上 A 与非 A 都为真的情况。

正是在上述假设的基础上，STIT 逻辑才得以构建进而给出主事性的形式刻画。

（二）繁忙选择者与不做的刻画

STIT 逻辑以分支时间逻辑，或者严格地说是分支时间点逻辑为基础来构建自己的语义解释，由此产生的问题就是如果要刻画连续行动的话，那么我们就必须刻画一个在确定时间段中不断作出选择的繁忙选择者（busy chooser）。

Belnap、Perloff and Xu［2001］中就曾指出，如果有一个行动者 α 用了 10 分钟跑完一英里。那么用 STIT 逻辑应该如何进行刻画呢？即使这个行动已经结束了，我们也不能用算子 astit 来对其进行刻画。这是因为按照 astit 算子的语义解释，我们需要找到评价时间点（m）之前的一个时间点（w），且行动者恰好在这一时间点（w）上进行行动或者选择。但是对于“α 用了 10 分钟跑了一英里。”这一语句的刻画而言，行动者 α 跑步的这 10 分钟才是其进行行动或者选择的时间，也就是说行动者实际上是在一个时间段上进行行动或者选择。因此如果一定要用时间点作为行动者选择或者行动的语义刻画单位的话，那么行动者就会被刻画为一个在某一段有限的时间上不断进行选择或者行动，或者说进行无穷次行动或者选择者的繁忙选择者。直观上来说，“α 用了 10 分钟跑了一英里。”这句话就会被刻画为 α 在第一秒钟跑了第一步，在第二秒跑了第二步，……这一形式。

具体而言，繁忙选择者及相关概念可被定义如下：

定义 1.10　对于任意的行动者 α 以及任意的时间点 m 而言，m 是 α 的一个选择点（choice point），当且仅当行动者 α 在时间点 m 上有多于一个可能选择，即存在不同的历史 h 和 h*，使得$Choice_m^\alpha$（h）不等于$Choice_m^\alpha$（h*）。

定义 1.11 对于任意的行动者 α 以及任意的时间点 m 而言，一个可能的选择是空洞的（vacuous）或者无意义的（trivial），当且仅当行动者 α 在时间点 m 上仅有一个可能选择，即$Choice_m^\alpha$ = Hm，否则就称为是非空洞的。

定义 1.12 对于任意的行动者 α 而言，Tree 中的一个链 c 是一条繁忙选择序列（busy choice sequence），当且仅当 c 在集合 Tree 中有上界和下界，并且 c 对于 α 来说是一个由（非空洞的）选择点构成的无穷链。

定义 1.13 对于任意的行动者 α 而言，α 是一个繁忙选择者，当且仅当 c 是 Tree 中 α 的一个繁忙选择序列。

对于任意的 STIT 框架而言，依据该框架中是否包含繁忙选择者，可将其区分为包含繁忙选择者的框架和不包含繁忙选择者的框架两类。对于第一类框架，可在框架缩写后添加“+bc”来表示；而对于第二类框架，则可在框架缩写后添加“+nbc”来表示。在不引起歧义的情况下，“+bc”这一后缀可被省略。之所以要做这种区分是因为是否包含繁忙选择者对于不做的刻画以及系统复杂性等问题都有直接的影响。下面我们就将介绍不做的刻画问题，进而说明繁忙选择者对不做刻画的影响。

如何刻画做某事（doing something）是行动理论的一个重要研究问题。与此相对应的，如何刻画不做某事（not doing something）则是行动理论中的一个难点问题。这是因为我们需要说明不做到底是不是一种行动，如果是行动该如何刻画等问题。对于 STIT 逻辑而言，其认为不做也是一种行动，这种行动可以被刻画为拒绝做某事（refraining from doing something)。如果做某事可被刻画为 $[\alpha]^{x}A$，那么不做就应被刻画为 $[\alpha]^{x}(\neg[\alpha]^{x}A)$，即行动者 α 拒绝做行动 $[\alpha]^{x}A$，或者说行动者 α 确保行动 $[\alpha]^{x}A$ 不为真，这里的 $x\in\{a, b, c, d\}$。

相较于其他的行动理论而言，STIT 逻辑最大的特点之一就是能够很好地刻画算子的叠置问题。因此，如果将不做某事刻画为拒绝做，即 $[\alpha]^{x}(\neg[\alpha]^{x}A)$，那么我们就能将拒绝做拒绝做某事刻画为 $[\alpha]^{x}(\neg[\alpha]^{x}(\neg[\alpha]^{x}A))$。那现在的问题就是拒绝做拒绝做某事是什么意思，或者简单地说，语句 $[\alpha]^{x}(\neg[\alpha]^{x}(\neg[\alpha]^{x}A))$ 与哪些语句等价？

在经典逻辑中，双重否定是等于肯定的，因此我们很自然地就想知道 $[\alpha]^{x}(\neg[\alpha]^{x}(\neg[\alpha]^{x}A))$ 是否与 $[\alpha]^{x}A$ 是等价的，即拒绝做拒绝做某事是不是等价于做某事？对此，Belnap、Perloff and Xu [2001] 中证明，在不涉及繁忙选择者的情况下，两者确实是等价的。这一证明我们将在下一小节中讨论。

（三）不同的 STIT 系统

STIT 逻辑中包含着不同的算子，而这些算子又对应着不同的语义解释以及不同的逻辑系统。本小节中，我们将简单介绍 STIT 逻辑中较为有代表性的两类系统，分别是关于 astit 算子的系统（单主体的 astit 系统 La1 + rr 和 La1）以及关于 dstit 算子的系统（多主体的 dstit 系统 Ldm）。

上文中的定义 1.1 简单介绍了 STIT 逻辑的语言，具体到系统 La1 + rr 的语言而言，其只包含了一个行动者项 α，因此该系统的语言中不包含等价词“=”，而加入等号“≡”，二元算子 astit 则可被简化为“$[\alpha]^{a}-$”这一形式。除此之外，系统 La1 + rr 的语言中不包含算子 Sett：且需引入下面的缩写：$A^{\alpha}=_{df}A\wedge\neg[\alpha]^{a}A$。

系统 La1 + rr 的框架是结构 BT + I + AC + nbc，其模型则是在结构 BT + I + AC + nbc 的基础上增加赋值函数得到的。因此，在系统 La1 + rr 中 $[\alpha]^a(\neg[\alpha]^a(\neg[\alpha]^a A)) = [\alpha]^a A$。

除了所有重言式的替换例以及公式 $[\alpha]^a(\neg[\alpha]^a(\neg[\alpha]^a A)) = [\alpha]^a A$ 外，系统 La1 + rr 还包含下列的公理模式以及推导规则：

公理模式：

A1：$\neg[\alpha]^a\top$

A2：$[\alpha]^a A \rightarrow A$

A3：$[\alpha]^a A \rightarrow [\alpha]^a([\alpha]^a A)$

A4：$[\alpha]^a A \wedge [\alpha]^a B \rightarrow [\alpha]^a(A \wedge B)$

A5：$[\alpha]^a([\alpha]^a A \wedge B) \rightarrow [\alpha]^a(A \wedge B)$

A6：$[\alpha]^a(A \wedge B) \wedge \neg[\alpha]^a B \rightarrow [\alpha]^a(A \wedge B^{\alpha})$

A7：$[\alpha]^a(\neg[\alpha]^a(A \wedge B) \wedge B^{\alpha}) \rightarrow [\alpha]^a(\neg[\alpha]^a A \wedge B^{\alpha})$

A8：$[\alpha]^a A \equiv [\alpha]^a(A \wedge B^{\alpha}) \vee ([\alpha]^a A \wedge \neg[\alpha]^a(A \wedge B^{\alpha}))$

A9：$[\alpha]^a(\neg([\alpha]^a(A \wedge ([\alpha]^a B \wedge \neg[\alpha]^a(B \wedge C^{\alpha})))) \wedge C^{\alpha}) \rightarrow [\alpha]^a B$

推导规则：

MP：由 A 和 $A \rightarrow B$ 可得 B

RE：由 $A \equiv B$ 可得 $[\alpha]^a A \equiv [\alpha]^a B$

对于任意的 BT + I + AC + nbc 模型 M 以及任意的语句 A，A 在 M 上有效，当且仅当对于 M 中任意的时间点 m 以及任意的历史 h 使得 $m \in h$，都有 M，$m/h \models A$。A 在 M 上有效可被记为：$M \models A$。

对于任意的 BT + I + AC + nbc 框架 F 以及任意的语句 A，A 在 F 上是有效的，当且仅当对于 F 上的任意模型 M 而言，$M \models A$。A 在 F 上有效可被记为：$F \models A$。

系统 La1 + rr 具有可靠性、完全性和有穷模型性（finite model property）。这里所谓的有穷模型性是指对于任意的语句 A，$\vdash$A 仅当存在某一有穷模型 M，使得 $M \models$ A。

在 La1 + rr 的元定理证明中 stit 语句的同伴（companions to stit sentences）这一概念十分重要，下面我们就引入这一概念。

定义 1.14　对于任意的 BT + I + AC + nbc 模型 M 以及 M 中任意的时间点 m 和历史 h 使得 m $\in$h，M，m/h $\models$ $[\alpha]^{a}$A，当且仅当 M，$M \models$ $[\alpha]^{a}$A。

定义 1.15　对于任意的 BT + I + AC + nbc 模型 M 以及 M 中任意的时间点 m，如果 M，$M \models$ $[\alpha]^{a}$A 且选择点为 w 的话，那么 M = $\{m^{*}: m^{*} \in i(m)$ 并且 $m^{*} \equiv^{\alpha}_{w} m\}$。其中 $m^{*} \equiv^{\alpha}_{w}$m 表示在选择点 w 上时间点 m^{*} 和 m 分属的历史没有分叉，即属于同一个$choice^{\alpha}_{w}$的划分。

很明显，M，$M \models$ $[\alpha]^{a}$A。

同伴定理要求对于任意的语句 C，M，$M \models$ $[\alpha]^{a}$（A $\wedge$ C^{α}）或者 M，$M \models$ $[\alpha]^{a}$（A $\wedge$ C^{α}）。在系统 La1 + rr 的可靠性证明中，使用到了 stit 语句的同伴的一些基本语义特征，而在系统 La1 + rr 的完全性和有穷模型性的证明中则主要使用到了 stit 语句同伴的句法特征。

系统 La1 + rr 的框架包含没有繁忙选择者这一假设，因此在该系统中拒绝做拒绝做某事是等价于做某事的。对于 astit 算子而言，如果在其框架上移除没有繁忙选择者这一假设，那么拒绝做拒绝做某事就将不再等价于做某事。系统 La1 就讨论了在剔除没有繁忙选择者这一预设后，应该如何给出关于 astit 算子的形式系统的问题。

从语义上看，除了剔除没有繁忙选择者这一假设外，系统 La1 的语义与 La1 + rr 的语义基本相同，即系统 La1 的框架为 BT + I + AC，模型则是在该框架的基础上增加赋值函数得到的。

与系统 La1 + rr 相比，在语言与公式缩写不变的情况下，系统 La1 的公理模式和推导规则如下：

公理模式：

A1 – A6 以及 A8 与系统 La1 + rr 相同

A7：$[\alpha]^a(\neg[\alpha]^a A \wedge B^\alpha) \equiv [\alpha]^a(\neg[\alpha]^a(A \wedge B) \wedge B^\alpha)$

推导规则：

除 MP 及 RE 规则外，还包含下面的 RS 规则

RS：由 $[\alpha]^a(q \wedge C^\alpha) \wedge \neg[\alpha]^a A \to \vee_{1 \leq j \leq m}[\alpha]^a(q \wedge d_j^\alpha)$ 可得 $[\alpha]^a(A \wedge C^\alpha) \to \vee_{1 \leq j \leq m}[\alpha]^a(A \wedge d_j^\alpha)$，其中 $m \geqslant 0$ 且 q 不在 A，C，D_1，…，D_m中出现。

该系统的可靠性、完全性以及有穷模型性的证明可参见 Belnap、Perloff and Xu［2001］。

在 Belnap、Perloff and Xu［2001］中，我们还会见到另一个系统，即多主体的 dstit 逻辑 Ldm。由于系统 Ldm 不再仅涉及单个行动者，因此 Ldm 的语言中包含多个行动者项 α_0，α_1，……除此之外 Ldm 的语言中还包括等价词“=”以及初始算子“Sett:”。

由于 Ldm 的语言中涉及多个行动者，因此为了刻画这些行动者之间的不同，可递归给出不同行动者的定义：

$\text{diff}(\alpha_0) =_{df} \top$

对于任意 $n \geqslant 0$，$\text{diff}(\alpha_0, \cdots, \alpha_{n+1}) =_{df} \text{diff}(\alpha_0, \cdots, \alpha_n) \wedge \alpha_0 \neq \alpha_{n+1} \wedge \cdots \wedge \alpha_n \neq \alpha_{n+1}$。

此外，由 cstit 与 dstit 算子的语义可得：$[\alpha]^c A =_{df} [\alpha]^d A \vee$ Sett：A

系统 Ldm 的公理模式和推导规则如下：

公理模式：

A1：Sett：(A→B) →（Sett：A→Sett：B)，Sett：A→A，Poss：A→

Sett：Poss：A

A2：$[\alpha]^c(A\rightarrow B)\rightarrow([\alpha]^c A\rightarrow[\alpha]^c B)$，$[\alpha]^c A\rightarrow A$，$\neg[\alpha]^c A\rightarrow[\alpha]^c(\neg[\alpha]^c A)$

A3：$[\alpha]^d A\rightarrow\neg$Sett：A

A4：$\alpha=\alpha$，$\alpha=\beta\rightarrow\beta=\alpha$，$\alpha=\beta\wedge\beta=\gamma\rightarrow\alpha=\gamma$

A5：$\alpha=\beta\rightarrow(A\rightarrow A(\alpha/\beta))$，其中 $A(\alpha/\beta)$ 为在 A 中用β替换 α 的所有或者部分出现而得到的语句。

AIA_k：diff$(\alpha_0,\cdots,\alpha_k)\wedge$Poss：$[\alpha_0]^c A_0\wedge\cdots\wedge$Poss：$[\alpha_k]^c A_k\rightarrow$Poss：$([\alpha_0]^c A_0\wedge\cdots\wedge[\alpha_k]^c A_k)$，$k\geqslant 1$

推导规则：

MP：从 A 和 A→B 可得 B

RN：从 A 可得 Sett：A

方便起见，Ldm 有时会被记为 Ldm_0。对于任意大于或者等于 1 的 n 而言，系统 Ldm_n是在 Ldm_0 的基础上增加下面的公理模式 APC_n得到的。

APC_n：Poss：$[\alpha]^c A_1\wedge$Poss：$(\neg A_1\wedge[\alpha]^c A_2)\wedge\cdots\wedge$Poss：$(\neg A_1\wedge\cdots\wedge\neg A_{n-1}\wedge[\alpha]^c A_n)\rightarrow A_1\vee\cdots\vee A_n$。

在系统 Ldm 中，拒绝做拒绝做某件事是等于做某件事的，这结论可被当作定理推出。这一系统具有可靠性、完全性和紧致性。该系统的完全性定理通过典范模型的方法即可得。

（四）STIT 逻辑在不同领域中的应用

STIT 逻辑是刻画主事性的理论，也是刻画行动的理论，而行动在语言中是由祈使句表达的，因此 STIT 逻辑实际上在刻画行动的同时也给出了祈使句的形式化表达式。更进一步地，按照言语行为理论（speech act theory）的说法，祈使句是以言行事行为（illocutionary act）

中的一类，因此 STIT 逻辑也给出了以言行事这类特殊行动的形式化刻画。

道义逻辑中包含两大类，分别是刻画应是（ought-to-be）语句的道义逻辑和刻画应做（ought-to-do）语句的道义逻辑。第一类道义逻辑将道义算子添加在陈述语句的前面，而第二类道义逻辑则将道义算子添加在行动的前面。因此如何刻画行动，并在此基础上给出应做语句的逻辑刻画就是第二类道义逻辑的重要研究问题之一。在这一问题上 STIT 逻辑也给出了自己的答案，即在使用 STIT 逻辑刻画行动的基础上，给出道义算子语义解释。

所谓的以言行事行为是指那些在说话过程中所完成的行动。例如当我说出“我保证会帮你解决问题。”这句话的同时也就完成了许诺的行动。根据说话者在说话过程中所完成的行动的类别的不同，以言行事行为可被分为如下五类：

（1）断定式（assettives）

（2）指令式（directives）

（3）承诺式（commissives）

（4）表情式（expressives）

（5）宣告式（declaratives）

祈使句属于指令式的以言行事行为。STIT 逻辑给出了行动的形式化表达方式，而在日常语言中行动是由祈使句所表达的，所以如何刻画祈使句就是 STIT 逻辑的一个重要研究课题。按照 STIT 逻辑的理论，祈使句的内容部分是包含主事性的，因此对于任意的祈使句，可将其刻画为 $[\alpha]^{x}A$，$x \in \{a, b, c, d\}$ 这一形式。例如对于下面的祈使句：

（1）把门打开！

（2）张三，把门打开！

不失一般性地，我们可以假设这两个祈使句的说出者是 α，而且我们所使用的stit算子是dstit，那么上述的两个祈使句可被分别刻画为：

（1^*）［α］^{d} 把门打开！

（2^*）［α］^{d} 张三，把门打开！

祈使句是以言行事行为中的特殊一类，如果STIT逻辑能够给出祈使句一种形式化刻画方式，那么更进一步地，如何给出以言行事行为一种刻画方式就是一个需要进一步研究的问题。Belnap、Perloff and Xu［2001］中所给出的双时间参数理论（double time references）就给出了以言行事行为的刻画方式。

从句法角度看，为了刻画以言行事行为，Belnap［2001］首先区分了单纯地说话（mere uttering）以及真正地说话（truly uttering）这两类行动。之所以作出这种区分是为了区分单纯地发音或者说话的行动与说话且所言为真的这类行动。如果令 t_1 表示说话者变项、t_2 表示听话者变项，A表示任意语句，那么单纯地说话和真正地说话就可被分别表示为：Utters（t_1，t_2，'A'）和Truly Utters（t_1，t_2，'A'），更进一步地，以言行事行为可被表示为：Speech-act（t_1，t_2，'A'）。

从语义角度看，除去模型因素外，在STIT逻辑的语义解释条目中仅包含时间点m以及通过时间点的历史h这两个参数，但是在双时间理论中，Belnap还引入了说话者参数 a_1、听话者参数 a_2，并且将时间点参数细分为当下情景所处的时间点 m_c 以及以言行事行为中的语句被说出（而非被转述）的时间点 m_0。

因此对于任意的以言行事行为Speech-act（t_1，t_2，'A'），其在BT+AC模型M上的语义解释可被定义如下：

M，a_1，a_2，m_c，m_0/h $\models$ Speech-act（t_1，t_2，'A'），当且仅当

M，a_1，a_2，m_c，m_0/h $\models$ Truly Utters（t_1，t_2，Speech-act（I，You，

‘A’)), 当且仅当

$M, a_1, a_2, m_c, m_0/h \models [\{t_1, t_2\}]^d$Speech-act (I, You, ‘A’)

对于道义算子应该附加在命题前面还是行动前面这一问题，不同的道义逻辑分支给出了不同的回答。基于第一种方法而构建的道义逻辑可被称为刻画应是语句的道义逻辑，基于第二种方法而构建的道义逻辑则被称为刻画应做语句的道义逻辑。在第二种道义逻辑中，STIT 逻辑就可被用于刻画行动与道义算子之间的联系。

以“应当”算子为例，对于这一算子的刻画，STIT 逻辑给出了两种不同的方案。Belnap、Perloff and Xu [2001] 对于“应当”的直观理解就是：所谓应当做某事就是如果不做这件事就会受到惩罚，而 Horty [2001] 则利用博弈论将“应当”的直观理解处理为：所谓应当做某事就是说做这件事是行动者的优选行动。

基于这两种不同的理解就可给出不同的技术方案。对于第一种方案，我们首先要在 dstit 算子的语言中引入常项 S 以表示“受到惩罚”。如果将应当算子表示为 Oblg，那么应当做某事就可被表示为：Oblg $[\alpha]^d A$。更进一步地，Oblg $[\alpha]^d A$ 可被定义为：Sett：$[\neg[\alpha]^d A \rightarrow S]$，即不做 $[\alpha]^d A$ 就会受到惩罚这是必然的。这一处理方式虽然符合我们对“应当”的直观理解，但也导致了一些问题的出现。例如，在这一处理方案下，“应当”“允许”“禁止”这三个道义逻辑算子之间的对偶关系不再存在，因此对这三个道义算子需要分别给出定义。如果将 Oblg $[\alpha]^d A$ 定义为：Sett：$[\neg[\alpha]^d A \rightarrow S]$，那么允许算子 Perm 和禁止算子 Frbn 则可被定义如下：

Perm $[\alpha]^d A =_{df} \neg$Oblg $[\alpha]^d (\neg[\alpha]^d A)$

Frbn $[\alpha]^d A =_{df}$ Oblg $[\alpha]^d (\neg[\alpha]^d A)$

Horty [2001] 利用博弈论给出了应当算子的另一种定义方式。其对每一行动都附加一个效益值，这样就能对不同行动所导致的效益进行比较。因此在 Horty 的定义中，其利用 cstit 算子将“应当做某事”形式化为 O［α］^{c}A 这一形式，并规定 O［α］^{c}A 为真，当且仅当行动者的这一行动可以导致效益最大化。Horty 将如何刻画道义上的“应当”这一问题等同于经济学上的效益最大化问题，这种刻画方式虽简明但却不完全符合人们对道义上“应当”的日常直观，因此并不能恰当地刻画“应当”这一道义概念。

总之，STIT 逻辑在言语行为理论以及道义逻辑中都有着一定程度的应用。除此之外，STIT 逻辑还有一些其他的应用，例如被用来区分本能为它（could have done otherwise）、本可为它（might have done otherwise）等基本哲学概念、被用来刻画博弈论中的策略问题等。

（五）近年来的发展

近年来，STIT 逻辑的发展主要体现在三个方面：

1. STIT 逻辑基本理论的拓展或者改变

STIT 逻辑以分支时间逻辑为基础来构建自己的语义框架，但是分支时间逻辑中却无法刻画地点这一因素，因此才需要引入分支时空逻辑（the logic of branching space-times）以便于在 STIT 逻辑的语义中引入地点参数。另外，STIT 逻辑以主事性为自身的研究对象，其也被称为行动的逻辑，但是在 STIT 逻辑的句法刻画中却看不到行动或者事件因素，因此为了使得 STIT 逻辑对行动有更为精细的刻画，Xu［1992］才改进了 STIT 逻辑以便于容纳事件。

2. STIT 逻辑与其他领域的交叉

除 STIT 逻辑以外，还有很多理论以主事性或者与主事性有关的概念（例如知道、相信等）为研究对象，因此如何对这些理论进行融合或者借鉴就是一个重要的研究方向。Xu 等很多学者都在这个方向上作出过成就。

3. STIT 逻辑在其他领域中的应用

STIT 逻辑在言语行为理论、道义逻辑等领域中都有应用，并取得了很多成果，有待于进一步地发展和探索。

针对上述的三个方面，具体来说，首先，STIT 逻辑以分支时间逻辑为基础，但是分支时间逻辑却不能刻画地点参数。为解决这一问题，Belnap ［1992］ 就提出了分支时空逻辑。分支时空逻辑的框架是一个二元组⟨OW，R⟩，其中 OW 是由事件（可表示为 e）构成的非空集合，以表示我们所处的客观世界；R 是 OW 上的二元关系。在这一框架基础上我们不但能够讨论不同事件之间的时间先后关系，还能刻画事件之间的空间性关系，即对于任意的事件 e 和 e^*，两者之间具有空间性关系，当且仅当 e 与 e^* 共处于同一历史上且两者之间不具有 R 关系。在这些基本概念的基础上，Belnap ［2005］ 给出了因果关系的刻画。在分支时空逻辑的基础上，因果关系可被刻画为一个过度⟨I，O⟩，其中 I 是由初始事件构成的非空集合，O 是由结果事件构成的非空集合。Belnap ［2011］ 在分支时空逻辑的基础上给出了算子 pstit，这一算子将行动刻画为一种过渡，即一个从初始事件到结果事件的过渡，而 pstit 所要刻画的就是这种过渡中的主事性因素。关于分支时空逻辑还可参见 Müller ［2010］、Müller ［2013］ 以及刘虎 ［2016］ 等。

STIT 逻辑致力于刻画行动者和事件之间的主事性关系，因此在其形式刻画中就利用不同的 stit 算子来连接行动者和事件以便于刻画主事性，然而这种刻画方式存在一个很大的问题，那就是从 STIT 逻辑的句法层面我们无法看到具体的行动。例如，对于任意行动者 α 以及任意事件“门被打开”而言，利用算子 dstit 我们可以将这一行动刻画为：

［α］^{d} 门被打开$_t$。然而这一形式刻画却无法告诉我们行动者 α 是用手推开的门还是用脚踹开的门。因此具体的行动在 STIT 逻辑的句法刻画中是缺失的。针对这一问题，Xu［2012］就扩充了 STIT 逻辑，使得行动成为该逻辑的对象语言并对行动者、该行动者的行动以及行动结果这三者之间的关系进行了刻画。具体的做法是，对于任意行动者 α、任意行动 e 以及任意语句 A，其用［α，e］A 来表示通过做 e，α 能确保 A 为真。在语义上，［α，e］A 为真，当且仅当对于某一行动 e 而言，［α］A 为真。

除上述两方面外，在 STIT 逻辑的基本理论方面还存在很多其他的成果，例如张炎［2015］探讨了时态 STIT 逻辑的判定性问题，并证明 L_{STIT}是可判定的；Payette［2014］给出了 XSTIT 逻辑的一个非时态片段的完全性和可判定性的证明。

其次，STIT 逻辑与其他领域的交叉主要体现在 STIT 逻辑与动态逻辑（dynamic logic），特别是动态知识逻辑（dynamic knowledge logic）的交叉研究中。在这一研究领域中，很多学者致力于将 stit 算子和知道算子融合在一起。例如 Herzig、Troquard［2006］就引入了算子 Kstit。Kstit 是一个复合算子以便于在知识的基础上刻画主事性。对于任意的行动者 α 以及任意的语句 A，$Kstit_\alpha A$ 就表示在知识的基础上，行动者 α 确保 A 为真。为了给出 Kstit 算子语义解释，我们需要在 STIT 框架的基础上增加二元关系 $\sim_\alpha$，其中 α 是任意行动者。对于任意时间点 m、m^* 和历史 h、h^*，如果 $m \in h$ 且 $m^* \in h^*$，那么 $m/h \sim_\alpha m^*/h^*$，就表示从行动者 α 的角度看，m/h 和 m^*/h^* 是不可区分的。如果我们将添加了这一二元关系的 STIT 框架称为认知的 STIT 框架 F，且将 F 基础上的模型表示为 M，那么 $Kstit_\alpha A$ 的语义解释就可被表示如下：

M，$m/h \models Kstit_\alpha A$ 当且仅当对于所有的 m^*/h^*，如果 $m/h \sim_\alpha m^*/$

h^*，那么 M，$m^*/h^* \models A$。

在此基础上就可以刻画 STIT 逻辑中的基本假设以及基础结论进而给出形式系统刻画知识基础上的主事性因素。

除此之外，J. van Benthem 和 E. Pacuit 还撰写了一系列的论文（如 van Benthem、Pacuit［2006］、［2014］等）以便为 STIT 逻辑与动态认知逻辑构建相同的语义基础。

再次，通过说话者的言语行为也会产生一定的义务或者规范。例如当说话者 α 对听话者 β 说出“我向你许诺一定帮你复习考试”这句话的时候，说话者 α 就为自己附加了一个义务，即 α 应当帮助 β 复习考试。因此很多言语行为都会导致“应当”（或者“允许”、“禁止”）做某事。在更复杂的情况下，说话者 α 还有可能对听话者 β 说：“我向你许诺，一定让 γ 帮你复习考试。”其中 α、β、γ 都是不同的行动者。为了要处理这种言语行为所导致的义务或者规范问题，就不能再将 Oblg $[\alpha]^dA$ 定义为：Sett：$[\neg[\alpha]^dA \rightarrow S]$。这是因为在这一定义中，由于 Sett：这一算子的应用会导致应当做的事都是必然的，或者说确定的。然而，很多应当做的事是由行动者的选择或者行动决定，而不是必然的。因此 Belnap、Bartha［1995］用 dstit 算子将某一行动者应当做 A 处理为确保该行动者应该做 A。

上文中所谈论的是言语行为所导致的道义问题，Wansing［1998］、［2001］进一步指出，除了言语行为中涉及的道义问题外，还利用 STIT 逻辑刻画了当权者或者权威机构的道义或者规范问题。

第二章　基本理论的拓展与修正

如果说第一章的内容介绍了主事性这一概念以及经典 STIT 逻辑的主要内容，那么这一章中我们就将介绍经典 STIT 逻辑的拓展与修正。这里主要包括如下四个方面：

（1）分支时空逻辑的引入，即将经典 STIT 逻辑中的语义基础分支时间（BT）修正为分支时空（BST），进而容纳地点参数；

（2）在 STIT 逻辑的句法中引入行动，即改进 STIT 句法中只有主事性的刻画却没有行动刻画这一问题，在句法层面给出行动的描述；

（3）连续行动的刻画，即对经典 STIT 逻辑进行扩充，以便于使得 STIT 逻辑不但能够刻画瞬时行动（instantaneous actions），还能够刻画连续行动（continuous actions）；

（4）内涵因素的引入，即尝试在经典 STIT 逻辑的底层框架 BT 中引入内涵的刻画，丰富 STIT 逻辑的刻画能力。

一　分支时空逻辑的引入①

STIT 逻辑以分支时间逻辑为基础来刻画行动者的行动或者选择。

---

①　本节内容出自贾青《主事性在以言行事行为中的逻辑刻画》，博士学位论文，中国人民大学哲学院，2011 年。

在分支时间逻辑中，我们只能刻画时间这一参数，而不能对地点（location）参数进行刻画。因此如果要使用 STIT 逻辑对“我明天去你家接你”，这种对地点敏感的行动进行逻辑刻画，那就无法对行动中的地点“你家”进行描述。这也就导致以分支时间逻辑为基础的 STIT 逻辑所刻画的行动都是“超大号的行动”（supersized action），即在某一时间点上充满全部空间的行动。我们现实生活中不会出现这种超大号的行动，因此缺失了地点参数，我们也就不能对行动者的行动或者选择进行适当且合理的刻画。正因如此，我们才需要将 STIT 逻辑的基础由分支时间逻辑转变为某种时空理论。

（一）从分支时间到时空理论

由于对时空的不同理解，导致了很多不同时空理论的出现。因此我们需要确定某种标准以选择（甚至重新构建）适当的时空理论作为刻画行动的基础。这一标准可被描述为：既能体现非决定论的哲学基础，又能体现该哲学基础上相对化的空间概念。之所以确定如上这样的标准是因为非决定论是 STIT 逻辑中主事性以及行动得以构建的哲学基础，只有在此基础上，才能体现主事性这一二元关系并构建体现这一二元关系的行动。因此地点参数的增加并不意味着对分支时间逻辑的否定，而是在分支时间逻辑基础上的一种扩充。而这种扩充主要体现在如下两个方面：

（1）将行动修改为事件

由于主事性这一二元关系是通过行动而构建的，因此 STIT 理论利用行动者的行动以及选择来刻画主事性。但是现实生活中，由于行动和事件之间总是相互作用、相互影响的，因此主事性的构建除在行动者行动以及选择的作用下完成之外，还会受到其他非行动型事件的影响。如“我明天去接你”这一行动是否能被完成不但取决于说话者是否会作出去接听话者的行动，还取决于一些会影响说话者行动的事件，例如，如果“明天”说话者忽然身染重病，不能出行的话，“我明天去接你”这一行动也同样不能被完成。要客观、全面地刻画行动以及主事性就需要刻画行动与事件之间的这种相互作用关系对行动以及主事性的影响，因此才需要将事件纳入 STIT 理论的研究范围内。

在这种情况下，我们可以借助主事性因素将行动与事件区分开来，因此即使将事件纳入 STIT 理论的研究范围内，也不会造成事件与行动之间的混淆，反而更有利于客观地刻画行动以及借由行动而实现的主事性因素。

（2）保留分支时间逻辑中的基本内容

在分支时间逻辑扩充为时空理论的过程中，分支时间逻辑中的一些基本定义和结论将被保留或者改写以便于构建适当的时空理论。在将 STIT 理论的研究对象扩充为事件的基础上，这些定义以及结论所刻画的对象也将由行动扩充为任意的事件。

首先，分支时间逻辑的框架是一个二元组 <Tree， < >，其中 Tree 是由时间点所构成的非空集合，而 < 则是这一时间点集合上，禁自返、禁对称且传递的树状序。由于分支时间逻辑中并不涉及地点因素，所以 Tree 可被视为从时间的角度刻画我们所处客观世界的一个集合。也正因如此，在分支时间逻辑中，我们才可以将事件抽象为不同的时间点。但是正如上文所述，时间点只是衡量事件的一个参数，并不能将其等同于事件本身，所以为了强调事件与时间点的不同，Belnap ［1992］给出了集合 OW （our world） 的定义。

定义 2.1 集合 OW 是由所有事件构成的非空集。如果用“e”表示事件，那么集合 OW 应满足下面的条件：

（1） $\forall e\ (e \in OW)$

（2） $OW \neq \emptyset$

其次，集合 OW 中的元素为事件，而事件又可被分成原子事件（或称简单事件）和复杂事件，因此“e”所表示的仅是集合 OW 中的原子事件。而那些由原子事件所构成的复杂事件则是集合 OW 的子集。虽然“e”仅表示原子事件，但在不引起歧义的情况下，后文中将省略“原子”二字。

再次，< 是 OW 上具有严格偏序关系的树状序，当且仅当对于 OW 中的任意三个事件 e_1、e_2、e_3，如下四个条件被满足：

（1） 禁自返：$\forall e_1\ (e_1 \nless e_1)$

（2） 禁对称：$\forall e_1 \forall e_2\ (e_1 < e_2 \rightarrow e_2 \nless e_1)$

（3） 传递：$\forall e_1 \forall e_2 \forall e_3\ (e_1 < e_2 \wedge e_2 < e_3 \rightarrow e_1 < e_3)$

（4） 树状：$\forall e_1 \forall e_2 \forall e_3\ (e_1 < e_3 \wedge e_2 < e_3 \rightarrow e_1 < e_2 \vee e_2 < e_1 \vee e_1 = e_2)$

对于集合 OW 中的任意两个事件 e_1、e_2 而言，$e_1 < e_2$ 就表示 e_1 早于 e_2。

最后，≤ 是集合 OW 上具有偏序关系的树状序，当且仅当对 OW 中的任意三个事件 e_1、e_2、e_3，如下的四个条件被满足：

（1） 自返：$\forall e_1\ (e_1 \leqslant e_1)$

（2） 反对称：$\forall e_1 \forall e_2\ (e_1 \leqslant e_2 \wedge e_2 \leqslant e_1 \rightarrow e_1 = e_2)$

（3） 传递：$\forall e_1 \forall e_2 \forall e_3\ (e_1 \leqslant e_2 \wedge e_2 \leqslant e_3 \rightarrow e_1 \leqslant e_3)$

（4） 树状：$\forall e_1 \forall e_2 \forall e_3\ (e_1 \leqslant e_3 \wedge e_2 \leqslant e_3 \rightarrow e_1 \leqslant e_2 \vee e_2 \leqslant e_1)$

在集合 OW 上还可以刻画其他的序列关系，但由于本书中最常用到的就是 < 和 ≤，因此这里仅对这两种关系作如上的说明。

另外，集合 OW 仅表示我们所处的唯一的客观世界。可能世界理论假定存在不同的可能世界不同，我们所处的客观世界只是众多可能世界之一，STIT 理论构建的基础是摹状客观世界以及客观世界中的现实的可能性。因此，无论是上文所介绍的分支时间逻辑还是涉及时间和空间参数的时空理论都要以刻画我们的客观世界以及现实的可能性为其构建的前提。

在如上所述的两个方面的基础上，如果要增加地点参数以形成某种时空理论的话，就会发现满足条件的时空理论都属于如下这两种类型之一，即 Minkowski 式的时空理论和 Belnap 的分支时空逻辑。

Minkowski 式的时空理论认为我们所处的客观世界是由三维空间和一维时间所构成的，因此其将时间刻画成一条穿越空间而过的线性序。由于在这一理论中可以同时处理时间参数和地点参数，因此该理论不但可以处理不同事件之间的时间先后关系，还可以处理不同事件之间的空间性关系（space-like relation）。

如图 2. 1 中，如果用两条竖线之间的位置表示空间，那么对于该空间中的任意事件点[①] e_1、e_2 和 e_3 而言，其间会存在的关系有如下两种，且这两种关系不能同时存在。

（1）时间先后关系

对于任一事件点 e_1 而言，另一事件点 e_3 在时间序上晚于 e_1，当且仅当事件点 e_3 处于以 e_1 为端点，向上延伸的两条射线之间的空间内；而对于任一事件点 e_3 而言，另一事件点 e_1 在时间序上早于 e_3，则当且仅当事件点 e_1 处于以 e_3 为端点，向下延伸的两条射线之间的空间内。

（2）空间性关系

在 Minkowski 式的时空理论中，如果任意两个事件点之间不存在时

---

① 在添加地点参数之后，“e”虽然仍表示原子事件，但是与分支时间逻辑中所刻画的“超大号事件”不同，添加地点参数后所刻画的事件则是处于时空中的事件点（point events）。这些事件点既处于时间参数的约束下又处于地点参数的约束下。

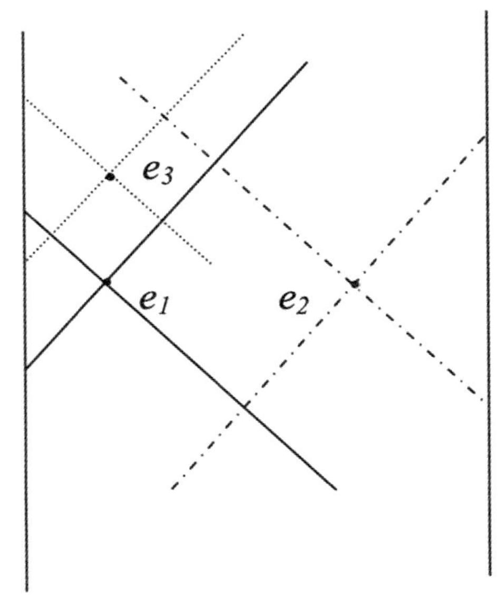

图 2.1

间先后关系，那么这两个事件点之间所具有的就是空间性联系。如图 2.1 中的事件点 e_1 和 e_2 之间就具有空间性关系。

由于 Minkowski 式的时空理论是爱因斯坦狭义相对论的数学基础，因此与狭义相对论理论一样，在 Minkowski 式的时空理论中也不存在“普遍时间”，即在不同的惯性系（inertial frames）中由于时间坐标和空间坐标的转变会导致时间参数和地点参数产生某种程度的改变。

虽然 Minkowski 式的时空理论能同时刻画时间参数和地点参数，但是针对本章的主题以及上文中所阐述的两个选择（或者构建）时空理论的标准而言，该时空理论仍存在如下两个问题：

（1）不能体现分支时间逻辑中的基本内容和假定

Minkowski 式的时空理论主张时间是一维的，即是一条穿越空间而过的直线。因此，该理论的构建是以线性时间逻辑为基础的，不能体现分支时间的概念。可以说，地点参数的增加否定了分支时间逻辑这一刻画主事性以及行动的基础。

（2）不能体现非决定论这一主事性与以言行事行为构建的哲学基础

Minkowski 式的时空理论以线性时间逻辑为基础刻画客观世界中的时间，因此该理论不但不能体现分支时间逻辑，也不能体现主事性以及行动所产生的哲学基础，即非决定论。

所以，即使该理论能够成功地添加地点这一参数，但是由于其对分支时间逻辑的否定，也使其不能成为主事性在以言行事行为中逻辑刻画的基础。

鉴于 Minkowski 式时空理论的缺点，Belnap 创建了分支时空逻辑（the logic of branching space-time）。在分支时空逻辑中，事件点之间的偏序关系仍为如上所规定的树状序，而每一支历史则由事件所构成的极大线性序转变为一个 Minkowski 式的时空。

因此，在分支时空逻辑中，地点参数或者说空间因素的增加不但使得事件成为事件点，还在刻画空间相对性的基础上保留了时间上的非确定性。正因如此，相较于分支时间逻辑而言，分支时空逻辑成为主事性在以言行事行为中逻辑刻画的更好基础。

在介绍分支时空逻辑中的一些基本概念和定理前，我们首先要说明如下两个重要概念：

（1）过渡

如果将事件视为 STIT 理论和分支时空逻辑的研究对象，那么就需要给出事件的明确界定，这里，我们将采用 Belnap 对事件的定义。其将事件定义为一个过渡，所谓的一个过渡就是一个有序二元组 $<I^*$，

O^* >，其中 I^* 表示初始事件，而 O^* 则表示结果事件且 I^* 和 O^* 都是集合 OW 的子集。

如对于“球开始滚动”这一事件而言，其可被视为一个从“球未滚动”到“球滚动”的过渡。以这种方式界定事件就会避免对事件的界定牵涉到更多其他的假定或者哲学概念，如时间是连续的还是离散的，等等。

（2）事实（fact）

将事件纳为 STIT 理论和分支时空逻辑的研究对象可以更客观地刻画行动与事件之间的相互作用关系，但是这一研究对象的扩充也使得我们必须区分如下两个概念，即事件与事实。虽然对于事实的界定以及事实与事件的区分，不同的学者往往会有不同的理论加以解释。但是本书中，我们采用 Belnap 以及 F. Brenton Fitch 对事实的定义方式，即认为事实是一个确定为真的命题，其真值的确定是不依赖于历史这一参数的。某一命题 A 所阐述的是一个事实，当且仅当该命题 A 是确定为真的，即 Sett：A 为真（Sett：A 在分支时空逻辑中的语义解释将在下文中给出）。因此，事件可以被刻画为一个过渡，即一个有序二元组 < I^*，O^* >，但是事实则不能。

（二）分支时空逻辑简介

Belnap［1992］初步构建了分支时空逻辑，本小节就将以该论文为基础，介绍分支时空逻辑中的一些重要定义和定理。

如上节所述，在 Minkowski 式的时空理论中对时间的刻画必须以不同的惯性系作为基准，因此不存在所谓的“普遍时间”。在这一点上，分支时空逻辑也持相同的观点，我们可以借助偏序关系讨论不同事件点之间的时间先后关系，但却不刻画某一“普遍时间”。

定义 2.2　分支时空逻辑的框架 F_{BST} 是一个二元组 <OW，R>，其中集合 OW 表示我们所处的客观世界，且该集合中的元素为不同的事件点，可用“e”表示；而 R 则是集合 OW 上的二元关系。

由于本书中最常用到的二元关系为集合 OW 上的严格偏序关系 <（禁自返、禁对称、传递）和偏序关系≤（自返、反对称、传递），因此在这里可以假定：R 既可为严格偏序关系 < 又可为偏序关系≤。

定义 2.2 中的事件点是指“确定的事件点”（concrete point events），所谓的“确定”主要是指如下两方面：

（1）集合 OW 中的事件点都是个体事件，而不是类事件（generic events）。很多行动理论中的学者对行动或者事件的刻画都是针对类行动或者类事件而言的，例如，G. von Wright 在其行动理论以及道义逻辑理论中就以类行动为其研究对象，如其对“盗窃”这一行动的研究，就是针对“盗窃”这一类行动而言的，而不是针对某一次具体的“盗窃”行动。

（2）分支时空逻辑与可能世界理论不同，其是建立在刻画客观世界这一基础上的，因此分支时空逻辑中所探讨的可能性都是真实的客观世界中会存在的可能性，而不是想象中或者语言中所体现的可能性，而事件点作为刻画这种真实可能性的工具，也是客观世界中有可能真实出现的事件点。

另外分支时间逻辑中，由于地点参数的缺失使得其将事件都刻画成了“超大号的事件”。地点参数的增加则使得分支时空逻辑可将事件抽象为能够忽略大小的事件点。

假定 2.3　集合 OW 非空，即 OW≠ø。

定义 2.4　对于任一事件点（point event）e，该事件点是集合 OW 中的一个简单事件点（在不引起歧义的情况下可简称为事件点），当且仅当该事件点是集合 OW 中的一个元素，即 $e \in OW$。

假定 2.5 集合 OW 中的事件点之间具有稠密性，即 $\forall e_1 \forall e_2$（$e_1 \in OW \wedge e_2 \in OW \wedge e_1 < e_2 \rightarrow \exists e$（$e_1 < e < e_2 \wedge e \in OW$））。

无论对于分支时间逻辑而言，还是对于分支时空逻辑而言，历史都是一个重要的定义，其重要之处不但在于可以体现不同的可能性以及客观世界的非确定性，还在于其是语义解释中的重要参数，同一命题在不同的历史参数下就很可能会具有不同的真值。因此为了在分支时空逻辑中定义历史，Belnap 首先给出了定向集的定义。

定义 2.6 集合 OW 中的任一子集 E 是一个定向集，当且仅当对于集合 E 中的任意两个事件点 e_1 和 e_2，都存在另一事件点 e_3，且 e_3 满足如下两个条件：

（1）$e_3 \in E$

（2）$e_1 \leqslant e_3 \wedge e_2 \leqslant e_3$

定义 2.7 集合 OW 中的任一子集 h 是一支历史，当且仅当下面的两个条件被满足：

（1）h 是一个定向集，即 $\forall e_1 \forall e_2$（$e_1 \in h \wedge e_2 \in h \rightarrow \exists e_3$（$e_3 \in h \wedge e_1 \leqslant e_3 \wedge e_2 \leqslant e_3$））；

（2）h 是一个极大集，即不存在另一定向集使得 h 是其真子集。

假定 2.8 对于集合 OW 中的任一历史 h 而言，该历史上的任意事件点都存在相对于严格偏序关系 < 而言的后继事件点，即 $\forall e \forall h$（$e \in h \wedge h \subseteq OW \rightarrow \exists e'$（$e' \in h \wedge e < e'$））。

假定 2.9 集合 OW 中的任意两支历史之间的交集都是非空的，即 $\forall h \forall h'$（$h \subseteq OW \wedge h' \subseteq OW \rightarrow h \cap h' \neq \emptyset$）。

在给出上述定义和假定的基础上，我们可以得出一些有关分支时空逻辑的基本性质。如下的定理 2.10 至 2.16 就是这些基本性质中比较重要的几个。

定理 2.10　对于集合 OW 中的任意非空子集 E，如果其是某一历史 h 的子集，那么在该历史 h 上存在集合 E 的上界。

证明：对集合 E 中元素的个数做归纳。

（1）如果 E 中仅有一个元素 e，那么由 $e \in h$ 以及每一历史都是一个定向集可得存在一个事件点 e′，$e' \in h$ 且为集合 E 的上界。

（2）假定 E 中有 n 个元素时结论成立，那么若证明 E 中有 n+1 个元素时结论也成立，那么就可得定理中的结论。

由于 E 中有 n 个元素时结论成立，所以存在一个事件点 e′，$e' \in h$ 且为集合 E 的上界，当 E 中有 n+1 个元素时，可找到一个事件点 e″，使得 $e'' \in h$ 且 $e'' \in E$。

由于 $e'' \subseteq h$ 且 $e' \subseteq h$，因此存在事件点 e^* 使得 $e'' \leqslant e^*$ 且 $e' \leqslant e^*$，即 e^* 晚于或者等于集合 $\{e''\} \cup E$ 中的所有元素，即在该历史 h 上存在集合 E 的上界 e^*。

定理 2.11　对于任一历史 h 中的子集 E，如果 E=h，那么不存在该集合 E 的上确界。

定理 2.12　任一非空的定向集都能够被扩张成为一支历史。

证明：由佐恩引理可得此定理。

定理 2.13　集合 OW 中的任一事件点都属于某一历史。

证明：对于集合 OW 中的任一事件点 e 而言，其都可被视为一个非空的定向集，因此由定理 2.12 可得，该非空定向集可被扩张成为一支历史 h，即对该事件点 e 而言，$\exists h\ (e \in h)$。

定理 2.14　任一历史都是向下封闭的，即 $\forall e_1 \forall e_2 \forall h\ (e_1 \leqslant e_2 \land e_2 \in h \rightarrow e_1 \in h)$。

证明：令 e_1 和 e_2 为两个任意的事件点，h 为集合 OW 中的任一历史，且 $e_1 \leq e_2$、$e_2 \in h$，在此条件下再假定 $e_1 \notin h$ 的话，那么如果能得到矛盾结论，就能使用反证法证得本定理结论。

如果假定 $e_1 \notin h$，那么可得 $h \subset h \cup \{e_1\}$。对于集合 $h \cup \{e_1\}$ 中的任意两个元素 e_3 和 e_4 而言，如果 e_3 和 e_4 都是历史 h 中的事件点，那么由历史的定义可得会存在事件点 e_5，$e_5 \in h$ 且 $e_3 \leq e_5$、$e_4 \leq e_5$。如果 e_3 和 e_4 中有一个元素属于集合 $\{e_1\}$ 的话，那么可得 $e_3 = e_1$ 或者 $e_4 = e_1$。如果 $e_3 = e_1$，那么由于 $e_1 \leq e_2$ 可得 $e_3 \leq e_2$。由于 $e_2 \in h$ 且 $e_4 \in h$，所以由历史定义中的定向集部分可得存在事件点 e_6，$e_6 \in h$ 且 $e_2 \leq e_6$、$e_4 \leq e_6$，进而可得 $e_6 \in h$ 且 $e_3 \leq e_6$、$e_4 \leq e_6$，即集合 $h \cup \{e_1\}$ 是一个定向集；如果 $e_4 = e_1$ 的话，同理可证集合 $h \cup \{e_1\}$ 是一个定向集。因此，可得集合 $h \cup \{e_1\}$ 是一个定向集。历史 h 作为一个极大的定向集不会是另一定向集的子集，即 $h \not\subset h \cup \{e_1\}$，因此可得矛盾式 $h \not\subset h \cup \{e_1\} \wedge h \subset h \cup \{e_1\}$。因此假定 $e_1 \notin h$ 为假，即可得 $e_1 \in h$。

定理 2.15 任意历史都不会是另一不同历史的真子集。

证明：由历史的定义，即极大定向集可得此定理。

定理 2.16 令 $h_1 \oplus h_2$ 表示历史 h_1 和 h_2 的不交并，即 $h_1 \oplus h_2 = (h_1 - h_2) \cup (h_2 - h_1)$。如果 $h_1 \oplus h_2$ 不为空，则 $h_1 - h_2$ 和 $h_2 - h_1$ 都不为空。

证明：如果 $h_1 - h_2$ 为空，那么 $h_1 = h_2$，即 $h_1 \oplus h_2 = (h_1 - h_2) \cup (h_2 - h_1) = (h_1 - h_1) \cup (h_1 - h_1) = \varnothing$，而前提要求 $h_1 \oplus h_2$ 不为空，因此假定为假，使用反证法可得 $h_1 - h_2$ 不为空。同理可得，$h_2 - h_1$ 不为空。

对于现实世界中的很多事件而言，与其相反的事件也都是可能存在的。在某种情境下一个微观粒子既可能自旋向上也可能自旋向下，但是这两种相反的可能事件却不会同时出现，即有些事件点是能够共处于同一历史的，但是有些则不能。

定义 2. 17 集合 OW 中的任两个事件点 e_1 和 e_2 是相容的，当且仅当存在某一历史，使得事件点 e_1 和 e_2 都属于该历史，即 $\exists h\ (e_1 \in h \wedge e_2 \in h)$；事件点 e_1 和 e_2 是不相容的，当且仅当不存在任一历史使得事件点 e_1 和 e_2 都属于该历史，即 $\neg \exists h\ (e_1 \in h \wedge e_2 \in h)$。

定义 2. 18 集合 OW 中的任一子集 E 为一个向下的定向集（downward directed set），当且仅当对于该子集 E 中的任意两个事件点 e_1 和 e_2 而言，都存在一个另事件点 e_3，且 e_3 满足如下两个条件：

（1） $e_3 \in E$

（2） $e_3 \leqslant e_1 \wedge e_3 \leqslant e_2$

集合 OW 作为一个整体，也可被视为一个向下的定向集。

定义 2. 19 集合 He 是一集历史的集合且事件点 e 属于该集合中的任一历史，即 $\forall h\ (h \in He \leftrightarrow e \in h)$。

定理 2. 20 集合 He 非空。

证明：由定理 2. 13 可得。

定理 2. 21 对于任意的两个事件点 e_1 和 e_2，如果 $e_1 \leqslant e_2$，那么 $He_2 \subseteq He_1$。

证明：令 e_1 和 e_2 为任意的两个事件点且 $e_1 \leqslant e_2$，如果能够证明对于任意的历史 h，如果 $h \in He_2$，那么 $h \in He_1$ 的话，就能够得到结论 $He_2 \subseteq He_1$。令 h 为任意历史且 $h \in He_2$，因此可得 $e_2 \in h$。又因为 $e_1 \leqslant e_2$，所以 $e_1 \in h$。因为历史 h 具有任意性，因此可得结论 $He_2 \subseteq He_1$。

相较于分支时间逻辑，分支时空逻辑的优点之一就是能够刻画事件点之间的空间性关系而不是使用占据某一时间点下所有空间的“超大号”事件以忽略空间上的相对性。如下的定义便是在分支时空逻辑中对空间性关系的界定。

定义 2. 22 集合 OW 中的任意两个事件点 e_1 和 e_2 之间具有空间性

关系，当且仅当如下的三个条件被满足：

（1）事件点 e_1 和 e_2 之间不存在时间上的先后关系，即 $e_1 \not< e_2$ 且 $e_2 \not< e_1$；

（2）事件点 e_1 和 e_2 处于同一历史上，即 $\exists h\ (e_1 \in h \wedge e_2 \in h)$；

（3）$e_1 \neq e_2$

很多支持可能世界理论的学者，如 D. Lewis、A. Wilson 等反对分支时间逻辑的理由之一就是其认为分支时间逻辑不能刻画不同历史中事件之间的时间先后关系。分支时空逻辑也同样面临着这一指责，因此 Belnap 给出了如下所定义的 M 型关系，以说明分支时空逻辑中不同事件点之间最复杂的时间先后关系应该如何刻画。

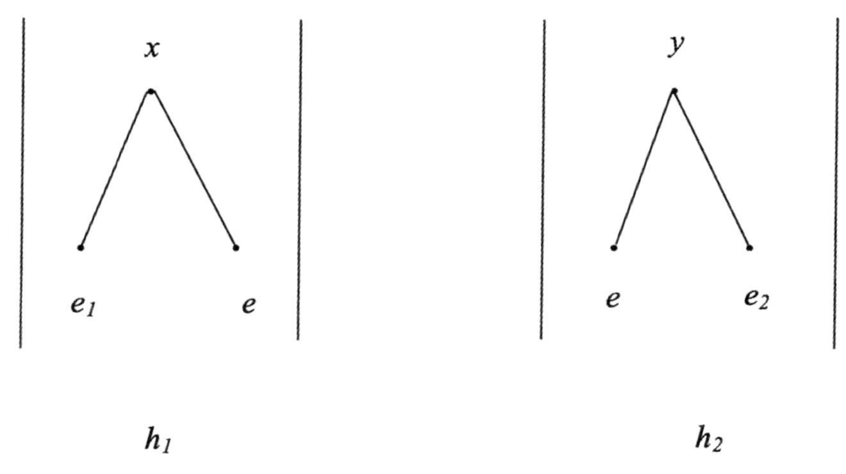

图 2.2

定义 2.23　集合 OW 中的任意两个事件点之间会存在的最复杂的时间先后关系是一个可由严格偏序关系 < 所刻画的 M 型关系。

对于集合 OW 中的任意两个事件点而言，其间会存在的时间先后关系有如下几种：

（1）如图 2.2 中的事件点 x 和 e，由于事件点 e 和 x 处于同一支历史 h_1 上且事件点 e 和 x 之间存在时间先后顺序，因此 x 和 e 之间会存在的时间先后关系可表示为：$e<x$；

（2）对于图 2.2 中的事件点 e_1 和 e 而言，由于事件点 e_1 和 e 处于同一支历史 h_1 上且事件点 e_1 和 e 之间不存在时间先后关系，因此在历史 h_1 上会存在事件点 x 且 $e<x$、$e_1<x$，而事件点 e_1、e 和 x 之间会存在的时间关系可表达为：在事件点 e_1 上可得，在晚于 e_1 的事件点 x 上可得，事件点 e 早于事件点 x；

（3）如图 2.2 中的事件点 e_1 和 e_2 处于不同的历史上，即 $e_1\in h_1$ 且 $e_2\in h_2$，因此必然存在事件点 e，$e\in h_1\cap h_2$。而因为 $e<x$、$e_1<x$ 且 $e<y$、$e_2<y$，所以事件点 e、e_1、x、e_2、y 之间会存在的时间关系可表示为：在事件点 e_1 上可得，在晚于事件点 e_1 的事件点 x 上可得，在早于事件点 x 的事件点 e 上可得，在晚于事件点 e 的事件点 y 上可得，事件点 e_2 早于事件点 y。

如上所述的第三种状况，也就是上述定义中所说定义的 M 型关系。

定义 2.24 集合 OW 满足一般性的历史相交性（generalized historical connection），当且仅当集合 OW 中任一由历史构成的有限集合都有历史的非空交集。

定义 2.25 对于集合 He 中的任意两支历史 h_1 和 h_2，h_1 和 h_2 在事件点 e 上为明显未分离的（obviously undivided），可表示为 $h_1\approx eh2$，当且仅当下面的条件被满足，即存在事件点 e_1，使得 $e<e_1$ 且 $e_1\in h_1\cap h_2$。

如果集合 He 中的任意两支历史 h_1 和 h_2 在事件点 e 上为明显分离的（apparently split or divide），可表示为 $h_1\perp eh_2$，当且仅当下面的两个条件都被满足：

（1）事件点 $e\in h_1\cap h_2$；

（2）不存在事件点 e_1，使得 $e < e_1$ 且 $e_1 \in h_1 \cap h_2$。

定义 2.26 对于集合 He 而言，Πe 是对该集合的一个划分，且该划分是建立在事件点 e 上的明显未分离关系所给出的。因此 Πe 作为对集合 He 的一个划分需要满足如下几个条件：

（1）在明显未分离的历史之间不存在选择，（no choice between obviously undivided histories）即对于任意多的历史，如果其在事件点 e 上是明显未分离的，那么这些历史属于相同的划分；

（2）该划分不能满足下面的条件：即将集合 He 中任一历史都作为一个单一元素的集合而构成该划分；

分支时间逻辑中要求行动者的行动或者选择将其未来限制到某一集历史上而不是一支历史上，这是因为在行动者作出某种行动或者选择的同时总是伴随着其他事件或者行动的出现，因此其行动只是将自身的未来限制到一个表示某一语句为真的历史集上，而不能消减伴随其出现的其他事件或者行动。分支时空逻辑中这一要求的提出也是出于同样的理由；

（3）对于任意多的历史，如果其在事件点 e 上是明显分离的，那么这些历史就会落入不同的划分中去。

定义 2.27 集合 He 中，"≡e"为在明显未分离关系"≈e"上自返、传递且对称的闭包。

虽然给出了明显未分离关系的定义，但是对于明显未分离关系本身具有哪些特点这一问题却没有得到明确说明，因此 Belnap 才定义了如上的这一在明显未分离关系"≈e"上自返、传递且对称的闭包，并以此为基础给出未分离和分离的定义，并进一步证明明显未分离关系就是一等价关系。

定义 2.28 令 e_1 和 e_2 为任意的两个晚于事件点 e 的事件点，$e_1 \equiv$

ee_2，即事件点 e_1 和 e_2 在事件点 e 上未分离，当且仅当存在历史支 h_1 和 h_2，使得 $e_1 \in h_1$，$e_2 \in h_2$ 且 $h_1 \equiv eh_2$；$e_1 \equiv eh_1$，即事件点 e_1 和历史支 h_1 在事件点 e 上未分离，当且仅当存在历史支 h_2，使得 $e_1 \in h_2$ 且 $h_1 \equiv eh_2$。

反之说明，事件点 e_1 和 e_2 在事件点 e 上分离或者事件点 e_1 和历史支 h_1 在事件点 e 上分离。

定义 2.29　一个事件点 e 是非决定论式的，当且仅当集合 Πe 有多于一个的元素；否则时间点 e 就是决定论式的。

定义 2.30　如果事件点 e 是非决定论式的，那么该事件点 e 就是一个选择点。

如果历史 h_1 和 h_2 都属于集合 He 且 $h_1 \equiv eh_2$ 不为真，则说明事件点 e 是一个历史 h_1 和 h_2 的选择点。即历史支 h_1 和 h_2 分别属于集合 Πe 中的不同元素。对于历史 h_1 和 h_2 而言，其选择点 e 是在集合 $h_1 \cap h_2$ 下的极大事件点，即 $e \in h_1 \cap h_2$ 且 $\neg \exists e_1$（$e_1 \in h_1 \cap h_2 \wedge e < e_1$）。

假定 2.31　（1）对于任意的两支历史，都存在至少一个选择点；

（2）如果 $e \in$（$h_1 - h_2$），那么存在历史 h_1 和 h_2 的选择点 e_0，且该选择点 e_0 满足如下要求：

（i）$e_0 < e$；

（ii）$e_0 \in$（$h_1 \cap h_2$）；

（iii）e_0 为集合（$h_1 \cap h_2$）中的极大元。

如图 2.3 所示，如果用历史 h_1 和 h_2 中的阴影部分表示 $h_1 \cap h_2$，h_1 中的非阴影部分表示 $h_1 - h_2$，h_2 中的非阴影部分表示 $h_2 - h_1$，那么事件点 $e \in$（$h_1 - h_2$），而早于 e 的事件点 e_0 则是历史 h_1 和 h_2 的一个选择点。

定义 2.32　任意两个由历史构成的集合是相容的，当且仅当存在至少同一支历史属于如上所述的两个集合。

下面将要证明的是明显未分离关系实际上是一等值关系，但在给出

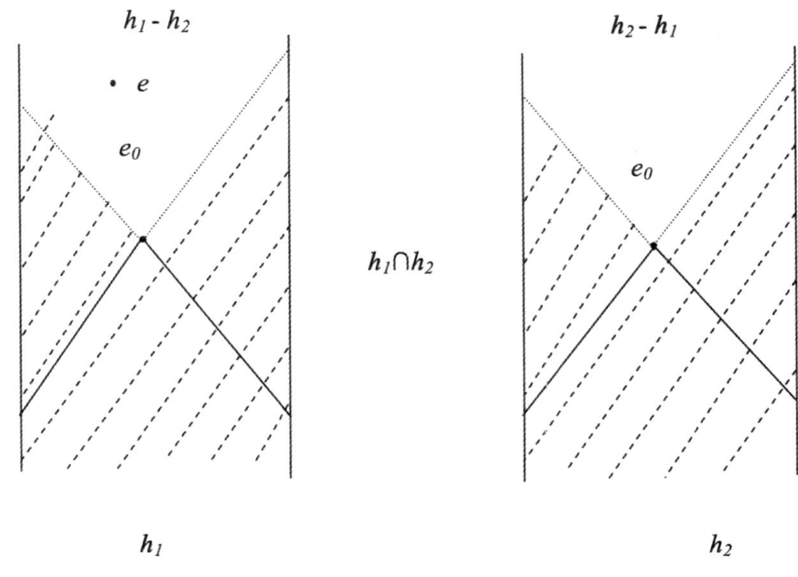

图 2.3

具体的证明之前，我们首先引入如下的定义和假定。

定义 2.33 集合 OW 中的任一子集 E 是一个链，当且仅当 E 是集合 OW 中的一个线性序集，即 $\forall E$（E 是一个链 $\wedge E \subseteq OW \leftrightarrow \forall e_1 \forall e_2$ $(e_1 \in E \wedge e_2 \in E \rightarrow e_1 \leqslant e_2 \vee e_2 \leqslant e_1)$）。

定义 2.34 I 是一个初始链，当且仅当 I 是一个非空链且在集合 OW 中有上界；而 O 是一个结果链，则当且仅当 O 是一个非空链且在集合 OW 中有下界。

假定 2.35 对于任一非空结果链 O 而言，都存在该链 O 的下确界，即 inf（O）存在。

假定 2.36 对于任一非空初始链 I 以及任一历史 h 而言，如果 $I \subseteq h$，那么就存在该链 I 在该历史 h 上的上确界，即 suph（I）存在。

定义 2.37 对于任意的两个初始链 I_1 和 I_2，以及任意的两支历史

h_1 和 h_2，如果 $(I_1 \cup I_2) \subseteq (h_1 \cap h_2)$，那么 $suph_1(I_1) < suph_1(I_2)$，当且仅当 $suph_2(I_1) < suph_2(I_2)$；$suph_1(I_1) = suph_1(I_2)$，当且仅当 $suph_2(I_1) = suph_2(I_2)$。

由初始链和结果链所构成的只是一种较为简单的过渡，实际上很多过渡并不要求其初始事件或者结果事件都必须是链，因此 Belnap 才给出了如下所述的这一定义。

定义 2.38　在分支时空逻辑中，一个有序对 $<I, O>$ 是一个过渡，当且仅当 I 和 O 满足如下要求：

（1）I 非空，即 $I \neq \emptyset$

（2）存在某一历史 h，使得 $I \subseteq h$

（3）$\exists e(e \in h \wedge \forall e_1(e_1 \in I \rightarrow e_1 \leqslant e))$

（4）O 非空，即 $O \neq \emptyset$

（5）$O \cap$ 历史 $h \neq \emptyset$

（6）$\exists e(e \in h \wedge \forall e_1(e_1 \in O \rightarrow e_1 \geqslant e))$

定义 2.39　如果用 inf（O）表示集合 O 的下确界，那么 inf（O）应当满足下面的两个条件：

（1）$\forall e(e \in O \rightarrow inf(O) \leqslant e)$

（2）$\forall e_1(\forall e(e \in O \rightarrow e_1 \leqslant e) \wedge e_1 \leqslant inf(O))$

定义 2.40　如果用 suph（I）表示集合 I 在历史 h 上的上确界，那么 suph（I）满足如下的三个条件：

（1）$\forall e(e \in I \rightarrow e \leqslant suph(I))$

（2）$suph(I) \in h$

（3）$\forall e_1(\forall e(e \in I \rightarrow e \leqslant e_1) \wedge suph(I) \leqslant e_1))$

定义 2.41　如果令 E 为一个由集合 OW 中的事件点所构成的非空链，那么可将 HE 定义如下，即 HE 是一集历史的集合，链 E 是集合

HE 中的任一支历史的子集。

对于集合 OW 中的任一子集 E（E 可为一链）以及任一事件点 e，$e<E$ 当且仅当 $\forall e_1$（$e_1\in E\rightarrow e<e_1$），同理可定义 $E<e$ 以及 $e\leqslant E$、$E\leqslant e$。

对于集合 HE 中的任一历史支 h_1 和 h_2，$h_1\approx Eh_2$ 当且仅当存在一个事件点 e，使得 $E<e$ 且 $e\in$（$h_1\cap h_2$）。

假定 2.42　如果令 E 为一个非空、有下界的链且 $E\subseteq h_1-h_2$，则存在历史支 h_1 和 h_2 的一个选择点，且该选择点早于链 E。

如果某一事件点 e 是集合 E 的一个下界，那么该事件点 e 早于或者等于集合 E 中的每一事件点。集合 E 的下确界则是集合 E 的一个下界，且所有集合 E 的下界都要早于或者等于该下确界。下确界是唯一的，可用“inf（E）”表示。

如果属于某一历史 h 的事件点 e 是集合 E 在 h 上的一个上界，那么该事件点 e 晚于或者等于集合 E 中的每一事件点。集合 E 在某一历史 h 上的一个上确界是一个属于 h 的集合 E 的上界且所有在 h 上的集合 E 的上界都要晚于或者等于该上确界。上确界是唯一的，可用“suph（E）”表示。

对于假定中的链 E，如果其是某一历史 h 的子集，即 $E\subseteq h$ 的话，那么 suph（E）具有如下的特点：

（1）suph（E）$\in h$；

（2）对于 E 中的任一事件点 e_1，$e_1\leqslant$ suph（E）；

（3）如果事件点 $e_2\in h$ 使得对于 E 中的任一事件点 e_1 而言有 $e_1\leqslant e_2$，那么 suph（E）$\leqslant e_2$。

如果令 E 为集合 OW 中的一个非空链，那么可得如下的三个引理：

引理 2.43　$\approx E$ 具有对称性。

证明：由明显未分离的定义可得。

引理 2.44　$\approx E$ 具有自返性。

证明：对于 OW 中的任意非空链 E，如果能够证明对于任意的历史 h 若 $E \subseteq h$，那么 $h \approx Eh$ 的话，就可得结论 $\approx E$ 具有自返性。由于链 $E \subseteq h$ 且 E 非空，因此可得 suph（E）$\in h$，而由假定可得存在时间点 e_0，使得 $e_0 \in h$ 且 suph（E）$< e_0$，因此可得 $\exists e_0$（$e_0 \in h \cap h \wedge E < e_0$），即 $h \approx Eh$。

引理 2.45　$\approx E$ 具有传递性。

证明：对于任一非空链 E，以及任意的历史 h_1、h_2、h_3，如果能够证明 $E \subseteq h_1 \cap h_2 \cap h_3$ 且 $h_1 \approx Eh_2$、$h_2 \approx E\ h_3$ 蕴涵 $h_1 \approx E\ h_3$ 的话，就能够证明 $\approx E$ 具有传递性。该定理的证明可以使用反证法，即如果假定 $h_1 \perp Eh_3$ 且能在相同前提下得到矛盾结果的话，就能证明 $\approx E$ 具有传递性。因为 $h_1 \approx Eh_2$，所以根据明显未分离的定义，存在事件点 e，使得 $e \in h_1 \cap h_2$ 且 e 晚于 E 中的任一事件点。由佐恩引理可得，由这些晚于 E 且属于 $h_1 \cap h_2$ 的事件点 e 可构成一个极大链 E^*，且 $E^* \subseteq h_1 \cap h_2$。由假定可知，存在链 E^* 的下确界 inf（E^*）且 $E \leqslant$ inf（E^*）。如果 $E <$ inf（E^*），那么 E 中的任一事件点 e 都是早于 inf（E^*）的。根据稠密性假定可知存在事件点 e_0，$E < e_0 <$ inf（E^*），而如果 $E < e_0$，则 $e_0 \in E^*$，那么根据下确界的定义 inf（E^*）$\leqslant e_0$，因此可得矛盾结果。而如果 $E =$ inf（E^*），那么存在 E 中的某一事件点 $e =$ inf（E^*）。由于 $h_2 \approx Eh_3$、E^* 构建以及假定 $h_1 \perp Eh_3$ 可知 $E^* \subseteq h_2 - h_3$。因此存在历史支 h_2 和 h_3 的选择点 e^*，使得 $e^* < E^*$ 且 $e^* \in h_2 \cap h_3$。而如果 $e^* \leqslant$ inf（E^*），即 $e^* \leqslant eE$ 的话，那 e^* 就不满足选择点的极大性，因此可得矛盾结果。由此可证 $\approx E$ 具有传递性。

定理 2.46　如果令 E 为集合 OW 中的一个非空链，那么 $\approx E$ 与 $\equiv E$ 都表示等价关系。

证明：由≡E 的定义以及引理 2.43、2.44、2.45 可得该结论。

因此我们可将明显未分离关系与明显分离的关系等同于由等值关系所定义的未分离关系和分离关系。

虽然定理 2.46 的得出是建立在 E 为集合 OW 中的非空链的这一前提下的，但是由于非空链的这一要求过于特殊，因此 Belnap 才将上述结论扩展到任意历史中的非空子集 E 上，即 E 不是链的时候定理 2.46 也成立。

定理 2.47　假定给出任一可能事件点的所有早先事件点的话，那么我们可以说过去决定未来，即过去的事件点决定了这一可能事件点的出现。即如果令 e 为任意的事件点，J－（e）为早于事件点 e 的所有事件点的集合，那么给出 J－（e），事件点 e 就注定会发生。对于任一历史支 h，如果 J－（e）⊆h，那么 e∈h。

如果给出任一有下确界的链的全部过去事件点，那么我们就不能说过去决定未来，即该链的发生不是必然的。如果令 E（可能是开集合）为一个有下界的链，J－（E）表示早于链 E 的所有事件点的集合，那么如果 J－（E）⊆h，则 E∩h≠ø。

虽然上文中给出了对初始链、结果链以及过渡的定义，但是由于这三个定义在刻画行动以及事件中的重要性，所以本小节的最后将依据 Belnap［2005］所述，对其作进一步的扩充。

定义 2.48　集合 OW 中的任一子集 I 是一初始事件当且仅当下面的条件被满足：

（1）I 是一非空的事件点的集合；

（2）存在某一历史 h，使得 I⊆h；

（3）初始事件 I 中的事件点之间可能具有空间性关系，也可能具有时间先后关系，但是不能同时两者。因此对于初始事件而言，可能存在两种状况，其一就是 I 中包含多于一个的事件点，其二是 I 中仅包含一个事件点，即存在某一事件点 e，使得 I = {e}。

定义 2.49　集合 OW 中的任一子集是一结果事件当且仅当下面的条件之一被满足：

（1）该子集是一个结果链（outcome chain），可用 O^1 表示。即该子集是一个非空且有下确界的链；

（2）该子集是一个由结果链所构成的分散结果事件（scattered outcome event），可用 O^2 表示。即该结果事件是一个由结果链所构成的集合且存在某一历史，使得对集合 O^2 中的任一结果链而言，其某一初始部分都是该历史的子集；

（3）该子集是一个由分散结果事件所构成的析取结果事件（disjunctive outcome event），可用 O^3 表示。即该结果事件是由成对出现的相矛盾的分散结果事件所构成的集合。

由如上的定义 2.48 以及定义 2.49 可得，如果令 I^* 表示任一初始事件，O^* 表示任一结果事件，那么任一过渡〈I^*，O^*〉可包含如下六种不同情况：

（1）〈{e}，O^1〉

（2）〈{e}，O^2〉

（3）〈{e}，O^3〉

（4）〈I，O^1〉且 I 不为单元集

（5）〈I，O^2〉且 I 不为单元集

（6）〈I，O^3〉且 I 不为单元集

对于过渡的刻画而言，除了要区分初始事件以及结果事件的不同情况，还要区分初始事件以及结果事件之间的不同关系。如对即刻的过渡以及非即刻的过渡的区分就属于后者。

定义 2.50 一个过渡〈I^*，O^*〉是即刻的过渡，当且仅当在其初始集合和结果集合之间不存在任何事件点，即$\neg \exists e(\forall e_1(e_1 \in I^* \rightarrow e_1 < e) \wedge \forall e_2(e_2 \in O^* \rightarrow e < e_2) \wedge e \notin I^* \wedge e \notin O^*)$；而非即刻的过渡则相反，即$\exists e(\forall e_1(e_1 \in I* \rightarrow e_1 < e) \wedge \forall e_2(e_2 \in O^* \rightarrow e < e_2) \wedge e \notin I^* \wedge e \notin O^*)$。

（三）导因的刻画

STIT 理论以行动以及行动中的主事性为其研究对象。为了避免陷入关于主事性问题的众多争论中去，STIT 理论将主事性刻画为一种行动者与事件之间的二元关系，而没有在主事性的讨论中附加其他的内容，如因果关系、心理状态等。但是对于 STIT 理论在分支时空逻辑上的重建而言，Belnap 却首先引入了对因果关系（causation）的刻画，并在此基础上给出不同 STIT 算子的语义解释。

因此本小节中将首先介绍 Belnap［2005］对因果关系的界定以及相关内容，并以此为基础重建 STIT 理论的重要部分。

定义 2.51 如果令 Hist 表示集合 OW 中所有历史的集合，那么对于 Hist 中的任一子集 H，该历史集 H 是一致的，当且仅当集合 H 不为空，即 $H \neq \emptyset$。

类似地，如果令 H 为任一由历史集构成的集合，那么 H 的交是一致的当且仅当$\cap H \neq \emptyset$。

任一命题 A 都可被视为是一个历史支的集合，因此该命题 A 在某一历史 h 上为真，当且仅当 $h \in A$；相反的，其在某一历史 h 上为假，当且仅当 $h \notin A$。

如前所述，集合 He 就表示命题“事件点 e 发生”，而如果令 E 表示某一历史中的任一事件点集合的话，那么集合 HE 就可被用来表示命题“集合 E 中的事件点都发生”。当然，此处所谓的命题可被视为是不同语句所包含的相同意义。因此就某一事件点或者某一事件点的集合而言，其所描述的内容虽然可被多于一个语句所表述，但是这些语句所表述的意义却是相同的。

定义 2.52 对于任一历史集 H，该集合 H 是偶然的，当且仅当 H 是一致的且 $H \neq Hist$。

定义 2.53 对于任意的两个历史集 H_1 和 H_2，H_1 蕴涵 H_2，当且仅当 $H_1 \subseteq H_2$。

定义 2.54 如果令 O^1 表示任一结果链，那么 ${H_O}^1$ 就可被用来表示集合 $\{h: h \cap O^1 \neq \emptyset\}$。对于该集合中的任一历史 h 而言，表示结果链 O^1 的命题在该历史上都为真。对于任意的事件点 e、任意的初始事件 I^* 以及结果链 O^1，$e < O^1$ 当且仅当 $\forall e'$ $(e' \in O^1 \rightarrow e < e')$，$I^* < O^1$ 当且仅当 $\forall e'$ $(e' \in I^* \rightarrow e' < O^1)$。

定理 2.55 令 e 为任意的事件点，O^1 为任意的结果链，I^* 为任意的初始事件，如果 $e < O^1$，那么 ${H_O}^1 \subseteq He$；如果 $I^* < O^1$，那么 ${H_O}^1 \subseteq {H_i}^*$。

证明：由上文中所述的历史的向下封闭性可得。

定义 2.56 如果令 O^2 为任意的分散结果事件，那么 ${H_O}^2 = \cap_O{}^1{}_{\in O^2} {H_O}^2$，即对于任一历史 h 而言，$h \in {H_O}^2$ 当且仅当用于表示 O^2 的所有命题都在 h 上为真。

类似地，对于任意的事件点 e、分散结果事件 O^2 以及初始事件 I^*，$e < \exists O^2$ 当且仅当 $\exists O^1$ $(O^1 \in O^2 \wedge e < O^1)$，$I^* < \exists O^2$ 当且仅当 $\forall e$ $(e \in I^* \rightarrow e < \exists O^2)$。

定理 2.57 如果 $e < \exists O^2$，那么 ${H_O}^2 \subseteq He$；如果 $I^* < \exists O^2$，那么 ${H_O}^2 \subseteq {H_i}^*$。

证明：（1）由 H_0^{2} 的定义可知，$H_0^{2} \subseteq He$ 即 $\forall h$（$\forall O^1$（$O^1 \in O^2 \rightarrow h \cap O^1 \neq \emptyset$）$\rightarrow e \in h$）。因此，如果能够证明对于任一历史 h 而言，如果 $\forall O^1$（$O^1 \in O^2 \rightarrow h \cap O^1 \neq \emptyset$），那么 $e \in h$ 的话，就可得定理中的结论。

由前提 $e < \exists O^2$ 可得，$\exists O^1$（$O^1 \in O^2 \wedge e < O^1$），因此可得存在某一特定的结果链 O^1，使得 $O^1 \in O^2$ 且 $e < O^1$。因此该结果链 O^1 交历史 h 非空，即可得 $h \cap O^1 \neq \emptyset$。由 $h \cap O^1 \neq \emptyset$ 可得，存在某一事件点 e'，使得 $e' \in h$ 且 $e' \in O^1$，而由 $e < O^1$ 又可得 $e < e'$，因此由上文中的历史向下封闭定理可得，$e \in h$，即 $H_0^{2} \subseteq He$。

（2）由 H_0^{2} 以及 H_i^{*} 的定义可知，$H_0^{2} \subseteq H_i^{*}$ 即 $\forall h$（$\forall O^1$（$O^1 \in O^2 \rightarrow h \cap O^1 \neq \emptyset$）$\rightarrow I^* \subseteq h$）。因此，如果能够证明对于任一历史 h 而言，如果 $\forall O^1$（$O^1 \in O^2 \rightarrow h \cap O^1 \neq \emptyset$），那么 $\forall e$（$e \in I^* \rightarrow e \in h$）的话，就可得定理中的结论。因此，对于任一事件点 e 而言，如果其为 I^* 中的元素，那么由 $I^* < \exists O^2$ 可得 $e < \exists O^2$。而由 $e < \exists O^2$ 的定义，按照（1）中的证明方法可得 $e \in h$。再由历史 h 的任意性以及事件点 e 的任意性就可得定理中的结论。

定义 2.58　如果令 O^3 表示任一析取结果事件，那么 $H_0^{3} = \cup_{O^2 \in O^3} H_0^{2}$，即对于任一历史 h 而言，$h \in H_0^{3}$ 当且仅当用于表示 O^3 的命题在 h 上为真。

类似地，对于任一的事件点 e、初始事件 I^* 以及析取结果事件 O^3，$e < \forall \exists O^3$ 当且仅当 $\forall O^2$（$O^2 \in O^3 \rightarrow e < \exists O^2$），$I^* < \forall \exists O^3$ 当且仅当 $\forall e$（$e \in I^* \rightarrow e < \forall \exists O^3$）。

定理 2.59　如果 $e < \forall \exists O^3$，那么 $H_0^{3} \subseteq He$；如果 $I^* < \forall \exists O^3$，那么 $H_0^{3} \subseteq H_i^{*}$。

证明：由 $e < \forall \exists O^3$ 以及 $I^* < \forall \exists O^3$ 的定义可得该定理中的结论。

定义 2.60　如果令 I^* 表示任一初始事件，O^* 表示任一结果事件，那么一个过渡就可表示为一个二元组〈I^*，O^*〉。而 $H_i{}^*$ 和 $H_0{}^*$ 则可被分别用来表示 I^* 或者 O^* 为真的命题。对于一个过渡而言，如下的条件被满足：

（1）$I^* < O^*$

（2）$H_0{}^* \subseteq H_i{}^*$

定义 2.61　对于任一过渡〈I^*，O^*〉，该过渡是偶然的当且仅当 $H_0{}^* \subset H_i{}^*$。

定义 2.62　对于任意的过渡〈I^*，O^*〉，$H_{\langle I^*, O^*\rangle}$ 为表示该过渡的命题，并且 $H_{\langle I^*, O^*\rangle} = -H_i{}^* \cup H_0{}^*$。对任一历史 h，表示过渡〈$I^*$，$O^*$〉的命题在该 h 上为真，即 $h \in H_{\langle I^*, O^*\rangle}$ 当且仅当如果 $h \in H_i{}^*$，那么 $h \in H_0{}^*$。

定义 2.63　对于任一的事件点 e，其基本命题式结果为集合 $\prod e$ 中的任意一个元素。

如上文所示，$\prod e$ 为基于在事件点 e 上的未分离关系而得到的一个对集合 He 的划分，即对于任意的历史 h，如果 $e \in h$，那么 $\prod e\langle h\rangle = \{h' : h \equiv_e h'\}$，而 $\prod e = \{\prod e\langle h\rangle : h \in He\}$。因此 $\prod e\langle h\rangle$ 就可被用于表示该事件点 e 的基本命题式。

定义 2.64　对任意事件点 e 以及任一历史 h 而言，如果 $e \in h$，那么 $\Omega e\langle h\rangle = \{O^1 : \inf(O^1) = e \wedge h \cap O^1 \neq \emptyset\}$。

集合 $\Omega e\langle h\rangle$ 是一集结果链的集合，该集合要求其中的所有结果链都以事件点 e 为其最大下确界且历史 h 与集合中结果链的交非空。

由 $\Omega e\langle h\rangle$ 的定义可知，集合 $\Omega e\langle h\rangle$ 是一个分散的结果事件，而表示该结果事件的命题则可用 $H_{\Omega e\langle h\rangle}$ 表示。

定义 2.65　$\Omega e = \{\Omega e\langle h\rangle : h \in He\}$

定义 2.66　对于任意的事件点 e 和历史 h，$H_{\Omega e\langle h\rangle} = \{h' : \forall O^1$

$(O^1 \in \Omega e\langle h\rangle \rightarrow h' \cap O^1 \neq \emptyset)\}$。

定理 2.67 对于任意的集合 $\Omega e\langle h\rangle$，$H_{\Omega e\langle h\rangle} = \prod e\langle h\rangle$。而且如果 $H_{\Omega e\langle h1\rangle} = H_{\Omega e\langle h2\rangle}$，那么 $\Omega e\langle h\rangle = \Omega e\langle h\rangle$。

证明：(1) 如果能够证明 $H_{\Omega e\langle h\rangle} \subseteq \prod e\langle h\rangle$ 且 $\prod e\langle h\rangle \subseteq H_{\Omega e\langle h\rangle}$ 的话，那么就能够得到定理中的第一个结论。

(i) $H_{\Omega e\langle h\rangle} \subseteq \prod e\langle h\rangle$ 的证明。对于任意的历史 h'，如果能够证明 $h' \in H_{\Omega e\langle h\rangle}$ 蕴涵 $h' \in \prod e\langle h\rangle$ 的话，就可得该结论。

在 $h' \in H_{\Omega e\langle h\rangle}$ 这一前提下由 $H_{\Omega e\langle h\rangle}$ 的定义可得 $\forall O^1(\inf(O^1) = e \wedge h \cap O^1 \neq \emptyset \rightarrow h' \cap O^1 \neq \emptyset)$。由分支时空逻辑中定理可知对于该事件点 e 以及历史 h 而言，集合 $\{O^1: e < O^1 \wedge h \cap O^1 \neq \emptyset\} \neq \emptyset$，且该集合中存在某一结果链 $O^{1\prime}$，使得 $e < O^{1\prime} \wedge h \cap O^{1\prime} \neq \emptyset \wedge \forall O^{1\prime\prime}(O^{1\prime} \subset O^{1\prime\prime} \rightarrow \neg(e < O^{1\prime} \wedge h \cap O^{1\prime} \neq \emptyset))$。因为 $e < O^{1\prime}$，所以 $e \leqslant \inf(O^{1\prime})$。如果 $e < \inf(O^{1\prime})$，那么由分支时空逻辑的稠密性可得存在某一事件点 x，使得 $e < x < \inf(O^{1\prime})$，因此 $O^{1\prime} \subset O^{1\prime} \cup \{x\}$。又由于 $\forall O^{1\prime\prime}(O^{1\prime} \subset O^{1\prime\prime} \rightarrow \neg(e < O^{1\prime} \wedge h \cap O^{1\prime} \neq \emptyset))$，所以 $\neg(e < O^{1\prime} \wedge h \cap O^{1\prime} \neq \emptyset)$。由 $e < (O^{1\prime} \cup \{x\})$ 可进一步得 $h \cap (O^{1\prime} \cup \{x\}) = \emptyset$，与 $h \cap O^{1\prime} \neq \emptyset$ 矛盾，因此 $e = \inf(O^{1\prime})$。又因为 $h \cap O^{1\prime} \neq \emptyset$，所以由分离规则以及前提 $\forall O^1(\inf(O^1) = e \wedge h \cap O^1 \neq \emptyset \rightarrow h' \cap O^1 \neq \emptyset)$ 可得 $h' \cap O^{1\prime} \neq \emptyset$。因为 $O^{1\prime}$ 为集合 $\{O^1: e < O^1 \wedge h \cap O^1 \neq \emptyset\}$ 中的结果链，因此 $h \cap O^{1\prime} \neq \emptyset$。由于 $h' \cap O^{1\prime} \neq \emptyset$ 且 $h \cap O^{1\prime} \neq \emptyset$，所以存在事件点 $e_2 \in h' \cap O^{1\prime}$ 且存在事件点 $e_3 \in h \cap O^{1\prime}$。因为 $O^{1\prime}$ 是一条结果链，对于该结果链中的事件点 e_2 和 e_3 而言，其间可能存在的先后关系有如下三种：$e_2 = e_3$、$e_2 < e_3$ 或者 $e_3 < e_2$。如果 $e_2 = e_3$，那么可得 $e_2 \in h \cap h'$，且由于 $e_2 \in O^{1\prime}$ 所以 $e < e_2$，由未分离关系的定义可得 $h \equiv_e h'$，即 $h' \in \prod e\langle h\rangle$。如果 $e_2 < e_3$，那么由分支时空逻辑中历史向下封闭的定理可得 $e_2 \in h \cap h'$，又由于 $e < e_2$，所以 $h' \in \prod e\langle h\rangle$。同理可证如果 $e_3 < e_2$，那么 h'

$\in \prod e\langle h\rangle$。因此 $H_{\Omega e\langle h\rangle} \subseteq \prod e\langle h\rangle$。

（ii）$\prod e\langle h\rangle \subseteq H_{\Omega e\langle h\rangle}$ 的证明。同理，如果能够证明对于任意的历史 h'，如果 $h' \in \prod e\langle h\rangle$，那么 $h' \in H_{\Omega e\langle h\rangle}$ 的话，就可得该结论。而 $h' \in H_{\Omega e\langle h\rangle}$ 当且仅当 $\forall O^1$（$\inf(O^1) = e \wedge h \cap O^1 \neq \emptyset \rightarrow h' \cap O^1 \neq \emptyset$），因此对于任意的历史 h' 以及任意的结果链 O^1，在 $h' \in \prod e\langle h\rangle$ 且 $\inf(O^1) = e \wedge h \cap O^1 \neq \emptyset$ 的前提下如果能够证明 $h' \cap O^1 \neq \emptyset$，那么就可得该结论。

假定 $h' \cap O^1 = \emptyset$，因为 $h \cap O^1 \neq \emptyset$，所以存在某一结果链 $O^{1\prime}$，使得该结果链 $O^{1\prime}$ 是结果链 O^1 的一个初始部分且 $O^{1\prime} \subseteq O^1 \cap h$。又因为 $h' \cap O^1 = \emptyset$，所以 $O^{1\prime} \subseteq h - h'$，对于历史 h 和 h' 而言，存在某一选择点 e^*，使得 $e^* < O^1$，因为 $\inf(O^1) = e$，所以 $e^* \leqslant e$。由选择点的定义以及前提 $h' \in \prod e\langle h\rangle$，即 $h \equiv_e h'$ 可得矛盾结论 $\neg(e^* \leqslant e)$，因此假定不成立，由反证法可得 $h' \cap O^1 \neq \emptyset$，即 $\prod e\langle h\rangle \subseteq H_{\Omega e\langle h\rangle}$。

由于 $H_{\Omega e\langle h\rangle} \subseteq \prod e\langle h\rangle$ 且 $\prod e\langle h\rangle \subseteq H_{\Omega e\langle h\rangle}$，因此可得 $H_{\Omega e\langle h\rangle} = \prod e\langle h\rangle$。

（2）结论 $\Omega e\langle h_1\rangle = \Omega e\langle h_2\rangle$，即 $\{\inf(O^1) = e \wedge h_1 \cap O^1 \neq \emptyset\} = \{\inf(O^1) = e \wedge h_2 \cap O^1 \neq \emptyset\}$，因此如果可得 $\{\inf(O^1) = e \wedge h_1 \cap O^1 \neq \emptyset\} \subseteq \{\inf(O^1) = e \wedge h_2 \cap O^1 \neq \emptyset\}$ 且 $\{\inf(O^1) = e \wedge h_2 \cap O^1 \neq \emptyset\} \subseteq \{\inf(O^1) = e \wedge h_1 \cap O^1 \neq \emptyset\}$ 就可得该结论。

（i）$\{\inf(O^1) = e \wedge h_1 \cap O^1 \neq \emptyset\} \subseteq \{\inf(O^1) = e \wedge h_2 \cap O^1 \neq \emptyset\}$ 的证明。对于任意的结果链 O^1，如果可证 $\inf(O^1) = e \wedge h_1 \cap O^1 \neq \emptyset$，那么 $\inf(O^1) = e \wedge h_2 \cap O^1 \neq \emptyset$ 的话，就可得该结论。

假定 $h_2 \cap O^1 = \emptyset$，则因为 $h_1 \cap O^1 \neq \emptyset$，所以存在结果链 O^1 的一个初始部分 $O^{1\prime}$，使得 $O^{1\prime} \subseteq h_1 - h_2$。即对于历史 h_1 和 h_2 而言，存在其的选择点 e' 且 $e' < O^1$，又因为 $\inf(O^1) = e$，所以 $e' \leqslant e$。由前提 $H_{\Omega e\langle h1\rangle} = H_{\Omega e\langle h2\rangle}$ 可得 $\prod e\langle h_1\rangle = \prod e\langle h_2\rangle$，即可得 $h_1 \equiv_e h_2$，由选择点的定义可得

矛盾结论¬（$e' \leqslant e$），因此假定 $h_2 \cap O^1 = \varnothing$ 为假，即可得结论 $\{\inf(O^1) = e \wedge h_1 \cap O^1 \neq \varnothing\} \subseteq \{\inf(O^1) = e \wedge h_2 \cap O^1 \neq \varnothing\}$。

（ii）$\{\inf(O^1) = e \wedge h_2 \cap O^1 \neq \varnothing\} \subseteq \{\inf(O^1) = e \wedge h_1 \cap O^1 \neq \varnothing\}$ 的证明，同理可得。

因此由 $\{\inf(O^1) = e \wedge h_1 \cap O^1 \neq \varnothing\} \subseteq \{\inf(O^1) = e \wedge h_2 \cap O^1 \neq \varnothing\}$ 和 $\{\inf(O^1) = e \wedge h_2 \cap O^1 \neq \varnothing\} \subseteq \{\inf(O^1) = e \wedge h_1 \cap O^1 \neq \varnothing\}$ 的证明可得 $\{\inf(O^1) = e \wedge h_1 \cap O^1 \neq \varnothing\} = \{\inf(O^1) = e \wedge h_2 \cap O^1 \neq \varnothing\}$，即 $\Omega e\langle h_1\rangle = \Omega e\langle h_2\rangle$。

通过如上的定理，我们就能够更清楚地了解 $\Omega e\langle h\rangle$与$\prod e\langle h\rangle$之间的区别与联系。虽然 $\Omega e\langle h\rangle$为一集结果链的集合，$\prod e\langle h2\rangle$为一集历史的集合，但是两者所表示的命题却是相同的。

定义 2.68 对于任意的事件点 e 以及历史 h，$\langle e, \Omega e\langle h\rangle\rangle$就表示基本过渡事件，而$\langle e, \prod e\langle h\rangle\rangle$则表示基本的命题式过渡。

实际上，$\langle e, \Omega e\langle h\rangle\rangle$和$\langle e, \prod e\langle h\rangle\rangle$都可被称为基本的过渡（basic primary transition）。在$\prod e\langle h\rangle \neq He$ 这一假定下，一个所谓的导因（originating cause）就可被定义为一个基本的过渡。

对历史之间的分离关系以及未分离关系的刻画是分支时空逻辑中的一个重要问题。从上文对分支时空逻辑的介绍中，我们就可以了解到对于历史 h_1 与历史 h_2 而言，其在事件点 e 上是分离的，即 $h_1 \perp e h_2$ 当且仅当事件点 e 是 $h_1 \cap h_2$ 中的极大事件点。本小节中，我们可将这一定义加以扩充，以刻画某一历史与某一历史集或者不同历史集之间的分离关系。如历史 h_1 与历史集 H 在事件点 e 上分离，即 $h_1 \perp eH$ 当且仅当 $\forall h_2$（$h_2 \in H \rightarrow h_1 \perp e h_2$）。而历史集 H_1 与历史集 H_2 在事件点 e 上分离，即 $H_1 \perp eH_2$ 当且仅当 $\forall h_2$（$h_2 \in H_1 \rightarrow h_2 \perp eH_2$）。对于未分离关系的刻画，也可使用类似方法加以定义。

定义 2.69　某一事件点 e 是某一结果链 O^1 的基本因果式构成，当且仅当存在某一历史 h，使得 $h \perp e\ H_0{}^1$。

定义 2.70　某一结果链 O^1 的过去基本因果式构成集合可表示为 pcl（O^1），由事件点 e 构成的该集合应满足如下两个条件：

（1）$e < O^1$

（2）$\exists h\ (h \perp e\ H_0{}^1)$

定义 2.71　对于任意的事件点 e 和结果链 O^1，$\prod e\langle O^1\rangle = \{h: h \equiv eH_0{}^1\}$。

定理 2.72　对于任一事件点 e 以及结果链 O^1 而言，如果 $e < O^1$，那么 $\prod e\langle O^1\rangle \in \prod e$ 且 $H_0{}^1 \subseteq \prod e\langle O^1\rangle$。

证明：（1）明显可得如果 $e < O^1$，那么 $\prod e\langle O^1\rangle \in \prod e$。

（2）结论 $H_0{}^1 \subseteq \prod e\langle O^1\rangle$ 的证明。$H_0{}^1 \subseteq \prod e\langle O^1\rangle$，即 $\forall h\ (h \in H_0{}^1 \rightarrow h \in \prod e\langle O^1\rangle)$。因此如果能够证明对于任意的历史 h，如果 $h \in H_0{}^1$，那么 $h \in \prod e\langle O^1\rangle$ 的话，就能证明此结论。而由 $\prod e\langle O^1\rangle$ 的定义可得，$h \in \prod e\langle O^1\rangle$，即 $h \equiv eH_0{}^1$。而如果假定 $h \in H_0{}^1$ 的话，那么就会得到结论 $h \in \prod e\langle O^1\rangle$，即 $H_0{}^1 \subseteq \prod e\langle O^1\rangle$。

定义 2.73　如果令 e 为任意的事件点，O^1 为任一的结果链，那么该结果链 O^1 的导因就是一个过渡 $\langle e, \prod e\langle O^1\rangle\rangle$ 且 $e \in$ pcl（O^1）。如果用集合 cc（O^1）表示结果链 O^1 的导引集，那么 cc（O^1）$= \{\langle e, \prod e\langle O^1\rangle\rangle: e \in$ pcl $(O^1)\}$。

假定 2.74　不存在空间式的导因。

相较于分支时间逻辑而言，分支时空逻辑的最大特点就是能够刻画事件之间的空间性关系，但是上述对导因的刻画却是建立在具有时间先后关系的事件之上的，并没有涉及具有空间性关系的事件之间的导因问题。实际上在这里 Belnap 之所以给出这一假定，就是为了回避空间式导因这一问题。

对于不存在时间先后关系的事件点之间是否存在因果联系或者一事件是否可以成为另一与其具有空间性关系的事件的导因的问题，现在仍没有一个明确且得到广泛认可的答案，因此为避免陷入不必要的争论中，仅给出此假设，假定在分支时空中不存在空间式的导因。

分支时间逻辑基础上的 STIT 理论中，不同的行动者仅被处理为集合 Agents 中的不同元素，而并没有进行其他深入地说明。这是因为分支时间逻辑将事件抽象化为充满整个空间的时间点，在这样的时间点上无法精确区分不同行动者的不同行动，更不能借助于行动者的行动定义不同行动者。但是分支时空逻辑则解决了这一问题，因此 Belnap [2011] 初步阐述了其对分支时空逻辑基础上的行动者的简单界定。

在重新刻画行动者的基础上，如果要说明行动者的行动与主事性之间的联系，就必须能够在分支时空逻辑的基础上界定行动者的行动或者选择，而下面的定义说明的就是这一问题。

定义 2.75 集合 OW 中的一个选择是一个过渡〈e，$\prod$e〉且该过渡满足如下要求：

(1) 事件点 e 为一个选择点；

(2) $\prod$e 是基于事件点 e 上的未分离关系（即“$\equiv$e”）的一个划分。

一个选择〈e，$\prod$e〈O^1〉〉是趋向于某一结果链 O^1 的，当且仅当事件点 e 为一个选择点且$\prod$e〈O^1〉是一集与 $H_0{}^1$ 未分离的历史的集合。

对于这种交互影响的以言行事行为组的刻画，我们需要将其建立在上文中所述的第一种群体行动的基础上，即以不同行动之间具有时间上的先后关系的群体行动为基础。但是上文中所给出的 dstit 的语义解释过于关注对群体行动中个体行动自身的刻画，因而忽视了个体行动之间的交互作用，为避免这一缺点，我们将使用另一 stit 算子，即 pstit 来刻画这种交互的以言行事行为组。

Belnap［2011］给出了 pstit 的语义解释，其借助 pcl（O^1）的定义将 pstit 的语义解释规定如下：

定义 2.76　如果令 α 为任一行动者，Γ 为任一由行动者构成的集合，O^1 为任一结果链，那么 $[\alpha]^p O^1$ 和 $[\Gamma]^p O^1$ 的真值条件可被规定如下：

（1）$[\alpha]^p O^1$ 为真，当且仅当 pcl（O^1）$\neq \emptyset$ 并且 pcl（O^1）$\subseteq \alpha$；

（2）$[\Gamma]^p O^1$ 为真，当且仅当 pcl（O^1）$\neq \emptyset$ 并且 pcl（O^1）$\subseteq \cup \Gamma$。

需要注意的是，在这一定义中行动者 α 实际上被定义为一个事件点构成的集合，因此在上一定义中，Belnap 才能使用结果链 O^1 的过去因果式构成集合（pcl（O^1））的概念以说明对于特定结果链 O^1 而言，行动者集合中的事件点对其所具有的影响，即结果链 O^1 的过去因果式构成集合是行动者集合 α（或者 $\cup\Gamma$）的子集。

按照 Belnap 的理论，一个行动本质上应该是一个过渡，一个从初始事件到结果事件的过渡，而行动中的主事性所体现的就是行动者与这种过渡之间的二元关系。但是上一定义却着重刻画了行动者与某一特定结果链的过去因果式构成集合之间的关系，而没有注意到行动应是一个过渡的这一基本特点。因此上述的这一定义至少还是不完善的，为了体现行动本身是一个过渡的这一特性，可以引入上文中对于某一结果链的导因的定义，并以此为基础给出 pstit 算子语义解释。

对于任意的结果链 O^1 以及事件点 e 而言，该结果链 O^1 的导因为过渡$\langle e, \Pi e \langle O^1 \rangle\rangle$且事件点 e 应属于集合 pcl（$O^1$）。因此为了在刻画行动的过程中体现过渡这一特点，我们可以要求对于任一属于集合 pcl（O^1）的事件点 e 而言，如果由该事件点构建的过渡属于结果链 O^1 的导因集，那么该事件点就属于行动者集合（或者由行动者集合所构成的集合的并集）。

定义 2.77　如果令 α 为任一行动者，Γ 为任一由行动者构成的集合，O^1 为任一结果链，那么［α PSTIT：O^1］和［Γ PSTIT：O^1］的真值条件可被规定如下：

（1）$[\alpha]^p O^1$ 为真，当且仅当 pcl（O^1）≠ø 并且 ∀e（e∈pcl（O^1）→（⟨e，∏e⟨O^1⟩⟩∈cc（O^1）→e∈α））

（2）$[\Gamma]^p O^1$ 为真，当且仅当 pcl（O^1）≠ø 并且 ∀e（e∈pcl（O^1）→（⟨e，∏e⟨O^1⟩⟩∈cc（O^1）→e∈∪Γ））

定义 2.77 是对定义 2.76 的修正，该定义一方面保留了原定义中的过去因果式构成集合，另一方面则引入了结果链的导因这一概念以刻画过渡，因此定义 2.77 不但说明了行动者集合中的事件点对结果链的影响，而且体现出了行动本质上是一个过渡的这一性质。

二　事件因素的添加

STIT 逻辑刻画的是主事性因素。其将主事性刻画为连接行动者（α）和事件或者说事件结果（e）的二元关系。正是由于主事性这一二元关系将行动从事件中区分了出来，所以行动才能被定义为具有主事性的事件，也正是从这一角度来看，STIT 逻辑才会被称为行动逻辑。然而作为一种行动逻辑而言，与当下以 PDL（propositional dynamic logic）为基础所构建的行动逻辑相比，STIT 逻辑在句法层面却并没有对行动的刻画。另外，在语义上，STIT 逻辑也仅是通过对行动者在某一特定时间的选择进行刻画来说明行动者的行动所产生的影响。因此，作为一种行动理论却没有对行动的直接刻画就成为很多学者对 STIT 逻辑的诟病。这一部分中我们将介绍解决这一问题的三个主要方案，分别是：Xu［2010］所构建的将事件引入 STIT 逻辑句法构造的方案，黄华新、何键枫［2019］所构建的包含选择名字的 STIT 逻辑以及 Horty、Pacuit［2017］所构建的行动普型（action type）理论。

（一）添加事件因素的句法构造

STIT 逻辑与以 PDL 或者 ETL（epistemic temporal logic）为基础所构造的行动逻辑都刻画了事件（或者行动）或者选择的结果，但是两者的侧重点却并不一样。作为一种主事性的逻辑，早期的 STIT 逻辑侧重刻画行动者与其选择结果之间的联系，而行动在 STIT 逻辑的句法中是缺失的。另外，以 PDL、DEL（dynamic epistemic logic）、ETL 等理论为基础构建的行动逻辑则将行动刻画为不可拆分的原子命题，进而给出不同行动的复合形式，而行动者与事件之间的联系却是缺失的。因此为了建立这两类逻辑之间的联系，互相取长补短，Xu［2010］就用［α，e］A 表示“通过履行行动 e，行动者 α 确保 A 为真。”（By doing e，α sees to it that A.）尝试将行动引入 STIT 逻辑的句法中来，试图将事件或者行动与知识（knowledge）的形式化研究框架融合到一起。

在给出行动的界定之前，我们先来看一些基本的概念。

令 $<$Tree，$<>$ 为任一树状框架（tree-like frame），m 和 m′为 Tree 中的任两个时间点，X、Y 为 Tree 中的任两个子集，那么可得下面的这些定义：

$X<m$，当且仅当对于 X 中任意的时间点 m′而言，$m'<m$；

$m<X$，当且仅当对于 X 中任意的时间点 m′而言，$m<m'$；

$X<Y$，当且仅当对于 X 中任意的时间点 m 以及 Y 中任意的时间点 m′而言，$m<m'$；

$m \leqslant m'$当且仅当 $m < m'$或者 $m = m'$。

类似地，我们还可以定义 $X \leqslant m$，$m \leqslant X$，$X \leqslant Y$ 等。

在此基础上，一个过去（past）就可被界定为 < Tree，< > 中某一历史上有上界（upper-bounded）的非空前段，即对于任意历史 h 中的任一非空子集 p 存在时间点 m 使得 $p \leqslant m \in h$，$m'' < m'$仅当 $m'' \in p$。特别地，对于 Tree 中任意的时间点 m，我们使用 $p_{(m)}$ 表示集合 $\{m' \in T: m' \leqslant m\}$。

一个结果（outcome）可被界定为 < Tree，< > 中 Tree 的一个有下界的非空子集 O，且 O 是向上封闭（closed forward）且向下连接的（connected backward）。也就是说 Tree 中的非空子集 O 是一个结果，当且仅当下面的条件被满足：

（1）存在 Tree 中的某一时间点 m 使得 $m \leqslant O$；

（2）$m < m'$且 $m \in O$ 仅当 $m' \in O$；

（3）对于属于 O 的任意时间点 m、m′、m″而言，$m' < m$ 且 $m'' < m$ 仅当 $m' \leqslant m''$或者 $m'' \leqslant m'$。

某一历史上有上界（upper-bounded）的非空前段，即对于任意历史 h 中的任一非空子集 p 存在时间点 m 使得 $p \leqslant m \in h$，$m'' < m'$仅当 $m'' \in p$。特别地，对于 Tree 中任意的时间点 m，我们使用 $p_{(m)}$ 表示集合 $\{m' \in Tree: m' \leqslant m\}$。

因此可得，< Tree，< > 上的一个过渡就是一个对 < p，O >，其中 p 是一个过去且 O 是一个结果使得 $p < O$。

令 e 为一个由过渡构成的集合。我们称 e 中任意元素 < p，O > 为 e－过渡，称其中的结果 O 为 e－结果。对于任意的历史 h，e 在 h 中出现当且仅当存在一个结果 O 使得 $O \cap h \neq \emptyset$。e 在 h 中至多一次出现当且仅当 $\{<p, O> \in e: O \cap h \neq \emptyset\}$ 这一集合或者为空或者为一单元集。<Tree，<>上的一个事件就是一个非空的过渡集合且每一个过渡在<Tree，<>中的任意历史上至多出现一次。

在框架<Tree，<>的基础上，Xu 引入了集合 Act 来表示行动构成的集合，并给出了集合 Act 所要满足的一系列假定。

假定 2.78　Act 中的每一个元素都是一个事件。

在这里，行动被界定为由过渡构成的非空集且这一集合中的每一个过渡在任意历史上至多出现一次。之所以要求每一个过渡在任意历史上至多出现一次是为了能够界定出行动的殊型（token）或者说特殊的行动（particular actions），即要求每一个行动都是由在任一历史上至多出现一次的过渡构成的集合。

假定 2.79　Act 中的每一个元素都关联着一个行动者。

对于任意行动者 α，可用 Actα 表示与 α 关联的行动的集合，因此 $Act = \cup_{\alpha \in Agent} Act\alpha$。

一个过渡<p，O>是一个即刻的过渡（immediate transition），如果不存在时间点 m 使得 $p < m < O$，即过渡中的过去与结果之间不存在任何时间点。令 $p_{(m)}$ 表示一个以时间点 m 为最后时间点的过去。一个即刻的过渡可被表示为<$p_{(m)}$，O>，也可简写为<m，O>，其中 m 就被称为这一过渡的初始部分。

假定 2.80　Act 中的每一元素都是由即刻的过渡构成的集合。

对于任意的时间点 m，令 IT_m 表示由所有具有相同初始部分 m 的即刻的过渡所构成的集合。对于任意即刻的过渡构成的集合 e，e 出现在 m 上，当且仅当 $IT_m \cap e \neq \emptyset$。e 出现在 m/h 上，当且仅当存在一个结果 O 使得<m，O>$\in$ e 且 $O \cap h \neq \emptyset$。可用 h_m^e 表示集合{h $\in$ Hm：e 出现在 m/h 上}。

假定 2.81　对于与相同行动者所关联的不同行动而言，它们出现在相同的时间，仅当它们出现在不同历史上的相同时间上。

令 m 为任一时间点，e 在 m 上自由，当且仅当 $\emptyset \neq IT_m \cap e \neq IT_m$。对于任一时间点 m 以及任一行动者 α，令 $c_m^\alpha = IT_m - \cup Act\alpha$。假定 $c_m^\alpha \neq \emptyset$，我们可称其为 α 在 m 上的（行动）补。在任一时间点 m 上，一个定义域为 Agent 的选择函数（selection function）f，f（α）或者是 Actα 中的一个行动，或者是 α 在 m 上的（行动）补。

假定 2.82　对于任一时间点 m 以及任一 m 上的选择函数 f，$(\bigcap_{\alpha \in Agent} f(\alpha)) \cap IT_m \neq \emptyset$。

这一假定实际上所要求的就是行动者的独立性。由上述这些假定，可得下面两个命题：

命题 2.83　在任一时间点上自由的任意行动都仅与一个行动者相关联。

命题 2.84　对于集合 Actα 中的任意元素 e 而言，e 在一个时间点上是自由的，那么 α 就不仅仅是 e 的受事者。

令 F = <Tree，<，Agent，Act> 为任意的 stit-action 结构，并且令 $\alpha \in Agent$ 且 $m \in Tree$。选择函数 $Choice_m^\alpha$ 可被定义如下：如果 m 是 < 上的一个死点（dead-end），那么 $Choice_m^\alpha = \{Hm\}$。如果 m 不是 < 上的一个死点，那么由于已知任意的即刻过渡 <m，O> 或者是一个 e－过渡（相对于某一 $e \in Act\alpha$）或者是 α 在 m 上的行动的补中的元素。由假定可得，对于 Actα 中任意的行动 e，e′，以及任意的过渡 $<m, O> \in e$，$<m, O'> \in e'$，如果 $e \neq e'$，那么 $O \cap O' = \emptyset$。C 为集合 $\{e \cap IT_m: e \in Act\alpha \wedge e \cap IT_m \neq \emptyset\}$。可以看到如果 $c_m^\alpha = \emptyset$，那么 C 是 IT_m 上的一个划分；否则，$C \cup \{c_m^\alpha\}$ 就是 IT_m 上的一个划分。由此可得，集合 $\{h_m^e: (e \in Act\alpha \wedge e \cap IT_m \neq \emptyset) \vee e = c_m^\alpha \neq \emptyset\}$ 是 Hm 上的一个划分。因此，$Choice_m^\alpha$ 就可被定义为这种划分。值得注意的是，未分叉无选择这一条件由于

结果的一般特性而被自动满足。同时可得，由于前面所给出的假设，对于任意行动者 β 而言，$Choice_m^\beta$ 也满足行动者的独立性。

总的来说，对于任意 stit-action 结构 F = < Tree，<，Agent，Act >，Choice = {< < α，m >，$Choice_m^\alpha$ >：m ∈ T ∧ α ∈ Agent}，即 Choice 是一个由 Act 所决定的选择函数（Choice function）。框架 < Tree，<，Agent，Choice > 就可被称为由 stit-action 结构 F 所决定的 stit 框架。对于任意的 α ∈ Agent，m ∈ T，

$$Choice_m^\alpha = \begin{cases} \{Hm\} & \text{如果 m 是 < 上的一个死点} \\ \{h_m^e : e \cap IT_m \neq \emptyset \wedge (e \in Act\alpha \vee e = c_m^\alpha)\} & \text{否则} \end{cases}$$

由此可得下面的命题：

命题 2.85　令 < Tree，<，Agent，Act > 为任意的 stit-action 结构，< Tree，<，Agent，Choice > 为由 < Tree，<，Agent，Act > 所决定的 stit 结构，且 m ∈ T，e ∈ Actα，α ∈ Agent，那么对于 < Tree，< > 中任意的历史 h，h ∈ h_m^e 仅当 $Choice_m^\alpha$（h）= h_m^e。

令 α 为任意行动者，e 为任意行动，π 为任意行动集，A 为任意语句，那么 stit-action 语句就可被表示为 [α，e] A 或者 [α，π] A。这些 stit-action 语句的 dstit 或者 cstit 版本就可被写为：$[\alpha, e]^d$ A、$[\alpha, \pi]^d$ A 或者 $[\alpha, e]^c$A、$[\alpha, \pi]^c$A。

首先考虑 cstit 算子的情况。令 F = < Tree，<，Agent，$\{Act_\alpha\}_{\alpha \in Agent}$ > 为任一 stit-action 结构。M 为 F 上的模型 M = < F，v >，其中 v 是一个分支时间模型中的赋值函数。直观上来说，[α，e] A 就可被解释为 A 被 α 当下的行动 e 所保证。stit 语句 $[\alpha, e]^c$A 以及 $[\alpha, e]^d$A 的赋值规则可被分别定义如下：

对于模型 M = < F，v > 以及 M 中的时间历史对 m/h（m ∈ h）而言，M，m/h ⊨ $[\alpha, e]^c$A，当且仅当 e ∈ Act_α 并且 h ∈ h_m^e 并且对于 h_m^e 中的任

意历史 h′而言，M，m/h′ ⊨ A；

M，m/h ⊨ $[\alpha, e]^{d}$A，当且仅当（1）e ∈ Act_{α}并且 h ∈ h_{m}^{e}并且对于 h_{m}^{e}中的任意历史 h′而言，M，m/h′ ⊨ A；（2）存在历史 h″ ∈ Hm 使得并非 M，m/h″ ⊨ A。

对于原有的 stit 语句 $[\alpha]^{c}$A，我们将选择函数 Choice 修改为由 Act 所决定的情况，其他解释不变，那么可得下列等价关系：

对于模型 M = <F，v>以及 M 中的时间历史对 m/h（m ∈ h）而言，M，m/h ⊨ $[\alpha, e]^{c}$A，当且仅当 e ∈ Act_{α}，h ∈ h_{m}^{e}并且 M，m/h ⊨ $[\alpha]^{c}$A，当且仅当 M，m/h ⊨ $[\alpha, e]^{c}\top \wedge [\alpha]^{c}$A。

由此，便可讨论添加了行动因素的 stit 语句 $[\alpha, e]^{c}$A 与原有的 stit 语句 $[\alpha]^{c}$A 之间的语法推导关系问题。

一直以来，STIT 逻辑都以讨论个体行动或者说行动殊型（token）为主。如果我们将行动普型（type）简单理解为一类行动或者更精确地说是一类彼此具有某种相似性的行动，那么就可以用 stit 语句 $[\alpha, \pi]$A（π 是一个行动的集合）来对行动普型进行简单的刻画。

令 π 为任一行动构成的非空集，由 π、π'等非空行动集构成的集合记为 ASet。对于任一 F = <Tree，<，Agent，Act，ASet>。其可被称为带普型的 stit-action 框架。M 为 F 上的模型 M = <F，v>，其中 v 是一个分支时间模型中的赋值函数。直观上来说，$[\alpha, \pi]$A 就可被解释为 A 被 α 当下的行动普型 π 所保证。stit 语句 $[\alpha, \pi]^{c}$A 以及 $[\alpha, \pi]^{d}$A 的赋值规则可被分别定义如下：

对于模型 M = <F，v>以及 M 中的时间历史对 m/h（m ∈ h）而言，

M，m/h ⊨ $[\alpha, \pi]^{c}$A，当且仅当存在一个行动 e ∈ $Act_{\alpha} \cap \pi$ 使得 h ∈ h_{m}^{e}并且对于 h_{m}^{e}中的任意历史 h′而言，M，m/h′ ⊨ A；

M，m/h ⊨ $[\alpha, \pi]^{d}$A，当且仅当（1）存在一个行动 e ∈ $Act_{\alpha} \cap \pi$

使得 $h \in h_m^e$ 并且对于 h_m^e 中的任意历史 h′而言，M，m/h′ ⊨ A；（2）存在历史 $h'' \in Hm$ 使得并非 M，m/h″ ⊨ A。

同样的，对于原有的 stit 语句 $[\alpha]^c A$，假定选择函数 Choice 修改为由 Act 所决定的情况，其他解释不变，那么可得下列等价关系：

对于模型 M = <F，v> 以及 M 中的时间历史对 m/h（$m \in h$）而言，

M，m/h ⊨ $[\alpha, \pi]^c A$，当且仅当存在一个行动 $e \in Act_\alpha \cap \pi$ 使得 $h \in h_m^e$ 并且 M，m/h ⊨ $[\alpha]^c A$，

当且仅当 M，m/h ⊨ $[\alpha, \pi]^c \top \wedge [\alpha]^c A$。

Xu［2010］还在度量时态逻辑（metric tense logic）的基础上给出了两个 stit-action 逻辑的公理系统。其中一个公理系统将“行动”理解为特定的行动（particular actions），另一个公理系统则将“行动”理解为特定行动的集合。除此之外，Xu［2012］在分支时间上的事件理论（theory of events）的基础上给出了一个行动理论。在这一行动理论中“特定的”或者“殊型的”行动被视为从这些行动的初始状态到结果的过渡构成的集合。通过由一些事件复合成复杂事件（composite events），Xu［2012］还给出了一个简单的事件复合理论。这一系列在 Xu［2010］的研究基础上所展开的工作进一步丰富了 STIT 逻辑中的主事性刻画，并使用复合的方法给出了即刻的群体行动（instantaneous group actions）、连续的群体行动（sequential group actions）的逻辑刻画，扩充了 STIT 逻辑的讨论范围。

（二）包含选择名字的 STIT 逻辑

正如上文所言，STIT 逻辑一直以来为人所诟病的一点就是作为一个行动逻辑或者说行动理论，行动者的选择或者行动却无法在 STIT 逻辑（特别是句法中）得到表达。为了解决这一问题，黄华新、何键枫

［2019］引入了新的初始符号并丰富了 STIT 逻辑的语义结构，使得行动者在语义模型中的选择能够在形式语言中得到表示。

黄华新、何键枫［2019］指出 Xu［2012］所给出的行动添加方式对行动与选择的区分使得其对应的形式语义相当复杂。因此其尝试引入一类新的变元符号来指称 STIT 结构中行动者的选择。

在句法上，令 CH 表示一个可数符号集合，该集合中的元素描述的是行动者的选择；令 PROP 表示一个可数命题变元集合；令 AGT 表示一个有穷的行动者集合。因此，其系统的语言可被定义如下：

$\varphi ::= p \mid C \mid [\alpha] C \mid \neg A \mid (A \wedge A) \mid [\alpha]^{c} A \mid \Box A$

其中 $p \in PROP$，$C \in CH$，$\alpha \in AGT$。其他命题联结词、模态对偶算子的引入以及公式最外层括号的省略规则如常。符号 C 指称某个行动者的某个具体的选择。直观上可被理解为选择 C 在当前状态被相应的行动者履行。然而选择 C 并未指明对其进行履行的行动者是谁，所以公式［α］C 就表示选择 C 是行动者 α 的可行选择。cstit 是一个经典的 stit 算子［α］^{c}A 表示行动者 α 通过当前的选择保证 A 成立。□A 表示 A 历史必然为真。令 F 为一分支时间框架，w、v 为任意的两个时间点，h_1、h_2 为任意的两支历史。如果 $w < v$ 且 $v \in h_1 \cap h_2$，那么称 h_1、h_2 在时间点 w 上未分离。

为了对新添加的符号进行解释，STIT 逻辑的原有框架就需要进行必要的扩充。

令该系统的框架 F = <Tree，<，Choice>，该框架中元素的定义与原有 BT + AC 框架中的定义相同。该系统的模型 M = <F，Name，v>，其中 Name 是从 CH 到 AGT ×Tree ×K（$\in Choice_{\alpha}^{w}$）的函数以便于对每个选择进行命名。对于任意选择 C，Name 将其映射到一个三元组 <α，w，K>上去，其中 α 是一个行动者、w 是一个时间点、K 是

$Choice_{\alpha}^{w}$中的一个等价类。我们用 $Name_1$（C）表示三元组中的第一个元素，即行动者 α；用 $Name_2$（C）表示三元组中的第二个元素，即时间点 w；用 $Name_3$（C）表示三元组中的第三个元素，即$Choice_{\alpha}^{w}$中的一个等价类。v 是一个赋值函数，其任一命题变元映射到一个由时间点和穿过该时间点的历史构成的参数构成的集合上去。

对于任一模型 M = <F，Name，v>以及 M 中的时间历史对 w/h（w ∈h）而言，下面的赋值规则成立：

M，w/h ⊨p，当且仅当 w/h∈v（p）；

M，w/h ⊨C，当且仅当 $Name_2$（C） =w 并且 h∈$Name_3$（C）；

M，w/h ⊨［α］C，当且仅当 $Name_1$（C） =α；

M，w/h ⊨¬A，当且仅当并非 M，w/h ⊨A；

M，w/h ⊨A∧B，当且仅当 M，w/h ⊨A 并且 M，w/h ⊨B；

M，w/h ⊨［α］^{c}A，当且仅当对于任一历史 h′∈$Choice_{\alpha}^{w}$（h）都有 M，w/h′ ⊨A；

M，w/h ⊨□A，当且仅当对于任一历史 h′∈H_w都有 M，w/h′ ⊨A。

令该系统中的可满足性和有效性的定义如常。

系统的公理如下：

A1 所有的命题重言式

A2 □的 S5 公理

A3 ［α］^{c} 的 S5 公理

A4 $\wedge_{1\leqslant n\leqslant k}\Diamond[\alpha]^{c}A_n\rightarrow\Diamond\wedge_{1\leqslant n\leqslant k}[\alpha]^{c}A_n$

A5 □A→［α］^{c}A

A6 ［α］C→¬［β］C，其中 α≠β 成立

A7 ◊(［α］^{c}A∧C∧［α］C)→□(C→φ)

A8 (C∧［α］C)→［α］^{c}C

A9 $[\alpha] C \rightarrow \Box [\alpha] C$

A10 $\neg [\alpha] C \rightarrow \Box \neg [\alpha] C$

A11 $\bigvee_{\alpha \in AGT} [\alpha] C$

推导规则：

MP

NEC

RA：由 $\wedge \Phi \wedge C \rightarrow A$ 推出 A，Φ 是名字不矛盾的，并非 $\neg \Diamond C \in \Phi$ 且 Φ 中名字与 C 均未出现在 A 中。

系统中可得一系列的有效公式，例如 $C \rightarrow \bigvee_{\alpha \in AGT} [\alpha]^c C$、$([\alpha]^c C \wedge \neg [\alpha] C) \rightarrow \Box C$……除此之外，该系统被证明是可靠且完全的。

（三）行动普型理论

Horty，Pacuit［2017］的目标是使用 STIT 逻辑来给出个体能力（personal ability）一个刻画方案。一直以来，个体能力或者说能力的刻画一直跟可能、行动等因素的刻画联系在一起。为了给出能力一个更为精细的刻画方案，Horty，Pacuit［2017］在 STIT 逻辑的基础上给出了一个能够刻画行动普型（type）的方案，并在 STIT 逻辑的原有 BA + AC 解释框架上增加了解释知识算子 K 的关系 ~ 。

之所以会有这种改变是因为能力不仅仅体现了一种可能性，更是行动者认知状态的体现。例如假定 A 投掷一枚硬币，这枚硬币可能正面朝上也可能背面朝上，那么在 A 投掷完这枚硬币并且不让任何人知道哪一面朝上的情况下问 B 硬币哪一面朝上。B 这时是否有能力猜对答案呢？对此 B 只能说“这枚硬币可能正面朝上也可能背面朝上”，但却不能说“我有能力知道这枚硬币正面朝上还是背面朝上”，因为能力并不等同于可能性。然而，如果 B 已经知道硬币哪一面朝上之后才说“这枚硬币正面（背面）朝上”，那么我们就说 B 有能力猜对答案，因此能力跟行动者的认知状态有很大的关系。Horty，Pacuit［2017］所要做的就是把认知状态这一因素添加到能力的刻画中去。另外，STIT 逻辑主要刻画的是行动殊型，但是行动殊型对能力的细致刻画又稍显不够，因此其方案才将行动普型的刻画添加进来以完善刻画能力的 STIT 方案。

一个认知的（epistemic）STIT 框架 F = < Tree，<，Agent，Choice，$\{\sim_\alpha\}_{\alpha\in Agent}$ >，其中 < Tree，<，Agent，Choice > 是 STIT 逻辑中的 BT + AC 框架。$\sim_\alpha$ 是在时间历史对参数对上的等价关系。对于任意的时间点 m，m′，h，h′，如果 $m\in h$，$m'\in h'$，那么 $m/h\sim_\alpha m'/h'$ 就表示对于主体 α 而言，m/h 和 m′/h′在认知上是不可区分的（indistinguishable）。

一个认知的 STIT 模型 M = < Tree，<，Agent，Choice，$\{\sim_\alpha\}_{\alpha\in Agent}$，v >，其中 < Tree，<，Agent，Choice，$\{\sim_\alpha\}_{\alpha\in Agent}$ > 是一个认知的 STIT 框架，< Tree，<，Agent，Choice，v > 是一个 BT + AC 模型。对于任意的认知的 STIT 模型 M 以及 M 中的时间历史对 m/h（$m\in h$）而言，带行动者 α 的知道语句 $K_\alpha A$（K 为知道算子、A 为任意的语句）的赋值规则可被定义如下：

M，$m/h\models K_\alpha A$，当且仅当对于所有的时间历史对 m′/h′，如果 $m/h\sim_\alpha m'/h'$，那么 M，$m'/h'\models A$。

让我们来看如图 2.4 所示的这一具体的例子以便于对 Horty、Pacuit［2017］的动机有一个更为直观的了解。

假设行动者β手中有两个硬币，一个五角的硬币，一个一元的硬币。在时间点 m_1 上β开始投掷硬币。这时β有四个选择，K_1 表示β投掷五角硬币且硬币正面朝上这一特定（或者说殊型）行动；K_2 表示β投掷一元硬币且硬币正面朝上这一特定行动；K_3 表示β投掷五角硬币且硬币背面朝上这一特定行动；K_4 表示β投掷一元硬币且硬币背面朝上这一特定行

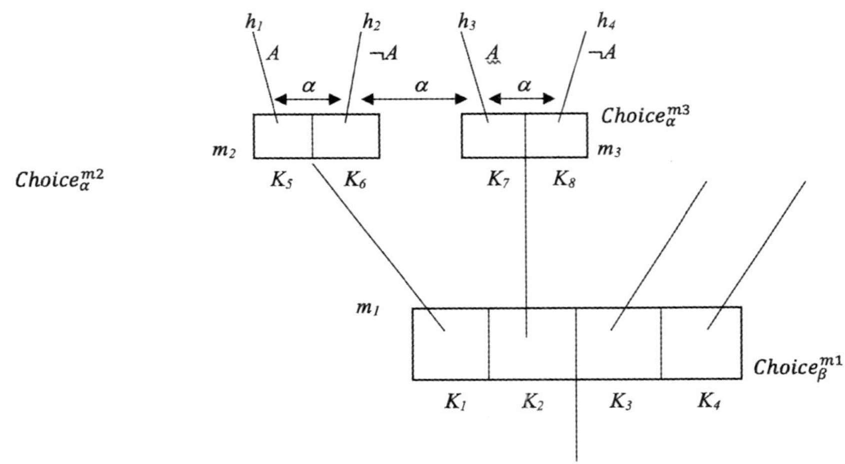

图 2.4

动。在β投掷之后，α猜测硬币是正面朝上还是背面朝上（无论β投掷的是五角硬币还是一元硬币），如果猜对了，那么α就能获胜。在这一情景中，K_5表示α猜测正面朝上，K_6表示α猜测背面朝上，K_7表示α猜测正面朝上，K_8表示α猜测背面朝上。令图中的 A 表示α猜测了，由此可知，A 在 m_2/h_1 和 m_3/h_3 上为真，在 m_2/h_2 和 m_3/h_4上为假。假定α并不知道被投掷的是五角硬币还是一元硬币，但是α知道被投掷的硬币是正面朝上的。因此通过关系 $\sim_{\alpha}$可得一个等价类 $\{m_2/h_1, m_2/h_2, m_3/h_3, m_3/h_4\}$。在这种假定下，由于α知道被投掷的硬币是正面朝上的，所以我们才会说在认知的意义上，α有能力获胜。严格来说，图中的 K_5、K_6、K_7、K_8应分别表示α猜测五角硬币正面朝上、α猜测五角硬币背面朝上、α猜测一元硬币正面朝上、α猜测一元硬币背面朝上。然而，是否知道被投掷的硬币是五角还是一元并不影响α是否能获胜这一问题，因为我们要知道的只是硬币正面朝上还是背面朝上而已，因此仅仅是行动殊型已经不能满足我们刻画认知意义上能力的需要了，行动普型这一概念也需要被引入进来。

Horty，Pacuit［2017］引入行动普型的方法是给出一个集合 Type = $\{\tau_1, \tau_2, \tau_3, \cdots\}$ 以表示行动普型所构成的集合。假定集合 Type 中的每一个行动普型都是行动者能够履行的某一类特殊行动构成的极大集。

形式上来看，首先，给出一个部分函数［ ］，将任意行动普型τ映射到特定的行动殊型$[\tau]_\alpha^m$上去以便于表示 τ 在时间点 m 上被行动者 α 履行。当然，$[\tau]_\alpha^m$必须是行动者 α 在时间点 m 上可履行的行动，即 $[\tau]_\alpha^m \in Choice_\alpha^m$。函数［ ］被界定为一个部分函数是因为对任意行动者 α 以及任意时间点 m 而言，并不是任何行动普型都是可被履行的。其次，给出一个从行动殊型 K（$\in Choice_\alpha^m$）到集合 Type 中特定行动普型的映射 Label。函数 Label 是一个一对一函数以便于表示不同行动普型的执行都会导致不同行动殊型被履行。由函数［ ］和 Label 的定义可得：

如果 $K \in Choice_\alpha^m$，那么$[Label\ (K)]_\alpha^m = K$；

如果 $\tau \in$ Type 且$[\tau]_\alpha^m$被定义，那么 Label（$[\tau]_\alpha^m$）$= \tau$。

对于任意的行动者 α 以及任意时间点 m 而言，集合$Type_\alpha^m = \{Label\ (K): K \in Choice_\alpha^m\}$ 就表示行动者 α 在时间点 m 上可履行的行动普型。对于任意的行动者 α、任意时间点 m 以及历史 h 而言，集合$Type_\alpha^m$（h）= Label（$Choice_\alpha^m$（h））就表示行动者 α 在时间点 m 上所履行的行动普型。

由此就可定义 labeled-stit 框架。令 F = < Tree，<，Agent，Choice，$\{\sim_\alpha\}_{\alpha \in Agent}$，Type，［ ］，Label > 为任一 labeled-stit 框架。这一框架又被称为认知的 stit 框架。

为了在句法上表示认知的 stit 语句，Horty，Pacuit［2017］引入了新的算子［ ］^{k}。对于任一的行动者 α 以及任意语句 A，$[\alpha]^k A$ 就表示 α 履行了一个行动普型且 α 知道这一行动会确保 A 的成立（或者说为真）。

对于任意的 labeled-stit 模型 M 以及时间历史参数对 m/h，

M，m/h $\models$ $[\alpha]^k A$ 当且仅当，对于所有的时间历史参数对 m′/h′，如果 m/h $\sim_{\alpha}$ m′/h′，那么$[Type_{\alpha}^{m}(h)]_{\alpha}^{m'} \subseteq \| A \|_{M}^{m'}$。

为了确保 labeled-stit 模型 M 能够更好地刻画行动者在认知状态下的行动和能力，规定模型 M 需要满下面的两个条件：

（1）如果 m/h $\sim_{\alpha}$ m′/h′，那么$Type_{\alpha}^{m} = Type_{\alpha}^{m'}$；

（2）如果 m/h $\sim_{\alpha}$ m′/h′，那么$[Type_{\alpha}^{m}(h)]_{\alpha}^{m'}$就是被定义的。

对于任意的行动者 α 以及行动普型τ，如果令 a_{α}^{τ}表示行动者 α 履行的行动普型，那么对于任意的 labeled-stit 模型 M 以及时间历史参数对 m/h，

M，m/h $\models a_{\alpha}^{\tau}$当且仅当$Type_{\alpha}^{m}$（h）＝τ。

在此基础上，对于认知意义上的能力，其可被定义为：$\Diamond[\alpha]^k A$。在这一定义的基础上，我们就可以进一步讨论能够体现认知意义上的能力界定的有效公式以及这些有效公式之间的关系等问题。

三　连续行动的刻画①

对行动的分析与分类刻画是行动理论以及逻辑学相关分支中的一个重要问题，对不同行动种类的研究和区分更有助于我们加深对行动的理解和细化行动的刻画方式。连续行动作为一种特殊的行动类型，已经有很多逻辑理论对其进行过讨论。STIT 逻辑是这类理论中最具有代表性的一支。然而，STIT 逻辑最早讨论的几乎都是瞬时行动（instantaneous actions），对连续行动（continuous actions）的一些讨论和刻画方

① 本节内容已发表，参见贾青《连续行动的分类和逻辑刻画》，《科学技术哲学研究》2021 年第 4 期。

案并没有得到大多数学者的认同。为解决连续行动的 STIT 逻辑刻画问题，这里我们就将着力讨论连续行动（continuous action）这一类行动，并借助 Z. Vendler 关于动词的体（aspect）理论来对连续行动进行分类，指出不同类别连续行动的特点进而从连续行动被履行的当下时间（点或者段）出发，给出不同类别连续行动的逻辑刻画方式。

（一）已有的刻画方案

按照行动本身在时间上是否具有持续性（duration）这一标准，我们可以将行动区分为连续行动和瞬时行动两类。连续行动是发生在一个时间段（time interval）上的行动，具有时间上的持续性，而瞬时行动则是发生在一个时间点上的行动，因此不具有时间上的持续性。

STIT 逻辑以分支时间点理论（point-based branching time theory）BT 为基础。通过在分支时间树上刻画行动者的行动和选择来刻画主事性因素，而 STIT 逻辑对行动者行动和选择的刻画又是以时间点为基础的，所以 STIT 逻辑一直以瞬时性行动为自身主要的讨论对象。

Belnap、Perloff、Xu［2001］注意到了连续行动的刻画问题。其将在有限时间段中的无限个时间点上不断进行非空洞（nonvacuous）选择的行动者称为繁忙选择者（busy chooser）。这里的繁忙选择者问题实际上就是用瞬时行动来刻画连续行动时所出现的问题，为了解决这一问题，Belnap，Perloff，Xu［2001］指出要使用时间链（time chains）来刻画行动者的行动和选择。Müller［2005］以及 Broersen［2009］、Broersen、Herzig［2015］等则借助决策论的帮助，将连续行动刻画为：行动者有一个策略能够保证其实现连续行动的结果。例如 Müller［2005］引入算子 istit（is seeing to it that 的缩写）来刻画行动者当下正在做但还没有完成的连续行动。对于任意的行动者 α 以及语句 A，$[\alpha]^{i}A$ 就表示

行动者 α 当下正在确保 A 这一连续行动的结果为真，而 $[\alpha]^{i}A$ 为真，当且仅当存在一个策略 s 使得 α 能够确保 A 为真且 A 并不必然为真。

Belnap 等人所给出的方案注意到了连续行动的时间持续性问题，并从行动完成之后的某一时刻出发来刻画业已完成的连续行动。对于该方案而言，其语义解释中的参数过多、刻画行动的 stit 语句为真的条件过于复杂，因此很难被推广。Müller 等人的方案刻画的是正在进行却未完成的连续行动，即从行动正在被履行时的某一时间点出发来刻画尚未完成的连续行动。然而，这类方案在形式刻画中却并没有将连续行动处理为一个具有时间上持续性的行动。由此可见，这两类 STIT 方案都存在自身的问题，而这种问题的出现很大一部分是由于连续行动具有时间上的持续性，所以连续行动具有很多不同的刻画方法，既可被刻画为一个完整的单个行动，也可被刻画为一个由多个瞬时行动或者多个连续行动构成的复合体。例如，连续行动“在公园晨跑”可被刻画为发生在某一时间段上的一个完整的单个行动，即“在公园晨跑”这样一个单个的行动；也可被刻画为由瞬时行动构成的复合体，即“首先抬起左脚、然后放下左脚、然后抬起右脚、然后放下右脚……”这样一连串瞬时行动的组合；还可被刻画为由其他的连续行动构成的连续行动，即“首先跑过公园主路，然后沿湖边慢跑，随后跑过小树林……”这样一连串连续行动的复合体。分别以这些不同的刻画、组合方式为基础，都能给出连续行动不同的刻画方案。

由此可见，虽然连续行动可以被简单地界定为在时间上具有持续性的行动，但是连续行动的刻画方式却是多样且复杂的。Belnap 等人的方案将连续行动刻画为一个单个的行动，而 Müller 等人的方案则更倾向于将连续行动刻画为其他行动构成的复合体。除此之外，在 STIT 逻辑中，我们还可以使用不同的 stit 算子从不同的时间点来评价行动的真假，例如 Belnap 等人所给出的方案中就使用 astit 算子从行动发生后的时刻出发来评价行动的真假，而 Müller 所给出的方案则使用 istit 算子从行动发生的当下某个时间点来评价行动的真假。因此，连续行动刻画方案的多样性再加上 stit 算子的评价时间点的不同就使得连续行动的刻画更为复杂。因此，为了使用 STIT 逻辑给出连续行动的适当刻画方案，在下文中，我们将首先界定我们所要刻画的连续行动的几个特点，然后给出连续行动的分类以及不同类别的刻画方案。

（二）连续行动的界定

我们首先来看下面的几个例子：

（1）约翰关上窗。

（2）约翰打开灯。

（3）约翰在公园晨跑。

（4）约翰用五个月建造了一座房子。

在上面的四个语句中，（1）、（2）表述的是瞬时行动。具体来说，这里所谓的瞬时行动是指那些可以被抽象地认为是发生在某一个时间点上的行动。以“关上窗”这一行动为例，现实生活中，我们关上一扇窗可能需要几秒钟的时间，所以说“关上窗”实际上应该是一个连续行动，但是因为这一行动在时间上持续的时间太短所以我们仍把它抽象为一个瞬时行动。

语句（3）、（4）表述的是连续行动。正如上文所述，由于连续行动具有时间上的持续性，所以连续行动既可被刻画为一个完整的单个行动，也可被刻画为一个由多个瞬时行动或者多个连续行动构成的复合体。在这一小节中，我们将界定出连续行动的一些基本特点以便于为后面的讨论和逻辑刻画提供理论基础。

首先，从我们日常生活中所使用的表达连续行动的语句可知，人们对连续行动的普遍理解是，其是发生在某一个时间段上的一个行动，人们一般会忽视或者模糊构成连续行动的瞬时行动或者其他连续行动，进而将所讨论的连续行动视为一个整体来看待。

正如上面的语句（3），当我们谈论“约翰在公园晨跑”这一连续行动的时候，大家所关注的往往是“在公园晨跑”这一连续行动本身，且将这一连续行动视为一个整体来看待，因此我们一般不会将语句“约翰在公园晨跑”替换为“约翰首先抬起左脚、然后放下左脚、然后抬起右脚、然后放下右脚……”或者“约翰首先跑过公园主路，然后沿湖边慢跑，随后跑过小树林……”。如果我们关注连续行动中的某一瞬时行动或者某一段连续行动，那么一般会单独提出来进行表述。正如“约翰在公园晨跑”这一语句，如果我们关注其中的某一瞬时行动，那么就会说出“约翰抬起左脚”或者“约翰抬起右脚”这种语句；如果我们关注其中的某一段连续行动，那么就会说出“约翰跑过公园主路”或者“约翰沿湖边慢跑”这种语句。由此可见，连续行动最大的特点可被表述如下：

特点一：连续行动具有时间上的持续性，是发生在某一个时间段上的一个行动。

其次，正如 Müller［2005］所提及的，连续行动是发生在一个时间段上的行动，因此在连续行动没有结束前，其行动结果都会被内部的或者外部的原因所改变，即由于行动者自身的决定或者外部条件不允许而改变。正如下面的例子：

（5）史密斯乘地铁去上班。

在这一例子中，在连续行动“史密斯乘地铁去上班”这一行动结束前，行动者很可能会因为各种各样的原因而无法达成这一行动结果。

例如，如果史密斯自己忽然不想坐地铁了或者在途中放弃上班这一想法的话，那么他就是因为内部原因没有达成语句（5）中的行动结果；而如果史密斯是因为地铁发生火灾或者其他必须将乘车人员撤离的（外部）原因而不能乘坐地铁到达上班地点的话，那么他就是因为外部原因没有达成例子中的行动结果。因此，连续行动的第二个特点可被总结如下：

特点二：连续行动在未被完成前，可能会因为各种原因而无法完成。

再次，从行动理论的角度来说，行动区别于事件的地方在于，行动具有主事性而非行动的事件则没有。主事性是行动者与事件之间的一种二元关系，即行动者通过自己的行动或者选择保证行动结果为真的这种关系。连续行动虽然是一类特殊的行动，但其还是具备行动所应具有的主事性的，即连续行动结果的真可以凭借行动自身的行动或者选择加以保证。因此，连续行动的第三个特点可被总结如下：

特点三：连续行动的结果（的真）可以通过行动者的行动或者选择来保证。

在连续行动的如上三个特点中，特点一和特点二是连续行动本身所特有的，特点三则是所有行动类型都具有的，而这三个特点就构成了连续行动刻画方案的基础。

（三）动词体的分类

虽然在上文的特点一中，我们将连续行动界定为发生在某一时间段上的一个行动，但是连续行动在时间上的持续性就决定了其必然是可分的。再分后所得到的行动与原有连续行动之间的关系问题与连续行动是否需要分类刻画息息相关，因此本小节就将对连续行动的再分问题进行研究。

以语句（3）为例，假设约翰在公园的晨跑历时1个小时，那么在这1个小时中的任何一个能够容纳“跑一步”这一行动的时间段上，我们都可以说“约翰在公园晨跑”。这是因为“晨跑”是具有重复性的行动，即只要行动者“跑一步”其就是在晨跑，约翰在公园晨跑的这1个小时也只不过是在重复“跑一步”这一基本行动单元。因此在约翰晨跑的1个小时中，对于所有行动“跑一步”被履行所需要的时间段而言，“约翰在公园晨跑”都为真。更为极端地，在语句“史密斯乘地铁去上班”中，在史密斯乘地铁去上班时的每一个时间点上，只要史密斯不下车，那么该语句都为真。

然而，语句（4）则不一样，语句“约翰用五个月建造了一座房子”中包含一个结果，那就是“建造了一座房子”，而且这一结果是由约翰这五个月的连续行动所保证的，因此在这五个月中的任何一个时间点或者时间段[①]上我们都不能说“建造了一座房子”。如果我们单独提出这五个月中的某一时间段或者时间点上的行动来看的话，也只能说“约翰打了地基”或者“约翰装了窗户”等。因此，可以说语句（4）被再分之后所得到的行动只是原有连续行动的一个构成部分，与原有连续行动已经是不同的行动了。

按照语言学中的体（aspect）理论[②]的说法，之所以会有上述的这

---

① 如果将时间点视为个体，将时间段视为一个由时间点构成的非空的非单元集，那么这里的时间段一定是时间段“5个月”的一个真子集。

② 所谓体，即动词或者动词词组内部的时间特征。实际上，这一理论是从动词的时态特征出发，研究动词所表述的行动的时间特征。这方面的研究最早始于亚里士多德，他根据动词是否具有自然完结点，将动词所表述的行动分为 actualities 和 movements 两类。近代的体理论以 G. Ryle、A. Kenny、Z. Vendler 等人的研究为代表，其中又以 Vendler［1957］所提出的体分类最具有影响力。当然，在 Vendler 提出体分类理论之后还有学者对这一理论进行了改进，但是由于这部分内容与本书内容相距甚远，所以这里并不会涉及。

种区别是因为依据动词所刻画的行动在客观世界中所具有的时间特征可以划分出不同的动词类别。语句（3）中的动词“晨跑”和语句（4）中的动词“建造了一座房子”分属于不同的动词类别，因此才会体现出不同的时间特征，进而导致连续行动再分以及刻画上的差别。

Vendler［1957］将动词的体分为如下的几类：

（1）状态（states）：have（拥有）、know（知道）、believe（相信）……

（2）活动（activities）：run（跑步）、swim（游泳）……

（3）完成（accomplishment）：paint a picture（画一幅画）、make a chair（做一个椅子）……

（4）成就（achievement）：recognize（认识）、find（找到）……

Vendler认为在这四种类型中，状态和成就这两种类型中的动词是不承认进行时态（continuous tense）的，也可以说这两类动词的进行时态是没有意义的。这是因为状态类型中的动词本身所描述的就是某一种状态，而成就类型中的动词在被使用到的时候就表示行动已经完成了。例如，你可以说“I have a book”，但是却不能说“I am having a book”，你可以说“I recognized him at once”，但是却不能说“I am recognizing him”。

相反的，活动类和完成类动词则承认进行时态，两者之间的根本区别在于：活动类动词具有重复性，而完成类动词则没有。例如活动类中的动词“run”，其可被看作是同一动作（或动作类型）的不断重复。也正因为如此，在上面的语句（3）中只要约翰在公园晨跑这一行动没有结束，我们就可以在履行该行动的特定时间段上说“约翰在公园晨跑”。然而完成类动词则不具有重复性，这类动词强调我们的目标是要达成某一个结果而不管这一结果是否真的达成。因此，当我们说“I am painting a picture”时，“画一幅画”这一结果就还没有达成，而当我们说“I painted a picture”时，“画一幅画”这一结果就已经达成了。这种目的是否达成上的不确定性恰好就是完成类和成就类动词之间的区别，因为成就类动词本身就带有目的已经达成的意思了，例如成就类动词“recognize”和“find”本身就包含已经认识了某个人或者已经找到某件东西的意思。语句（4）中的动词“建造”就是一个完成类动词而不是成就类动词。

当然，某一动词是否属于某一行为类型这一点并不是确定的，因为动词使用语境的变化、动词所被添加的辅助成分的变化等原因，都会导致同一动词会在不同的情况下属于不同的行为类型。

（四）连续行动的分类与逻辑刻画

动词是表述行动的一类语词，Vendler 关于动词的体理论为我们对行动的分类刻画给出了一个很好的语言学基础。更进一步地，为了能更好地刻画连续行动这一类特殊的行动类型，我们对 Vendler 的理论作如下的一些修改：

首先，状态类动词将不会被考虑。这是因为行动理论中的行动是一种具有主事性的事件，但是状态类动词所描述的事件则不一定具有主事性。例如“have”这一语词，当说出“I have a book”这一语句时我们并不确定“have”是否具有主事性，即我们并不确定行动者是否通过自己的行动或者选择保证了“I have a book”这一结果为真。如果“a book”是别人硬塞给主体“I”的，那么“have”就不具有主事性，因而不是一个行动。

其次，成就类动词将不会被考虑。这是因为我们使用成就类动词所表示的是某类行动被完成后的结果，而且这类动词更多地被用来描述某一连续行动结束时所发生的瞬时行动。例如动词“search”和“find”，其中“search”是活动类动词而“find”则是成就类动词。“search”表示的是搜寻的过程，是一个连续动词。“find”则表示搜寻的结果，即找到了某件东西或者某个人。具体来说，“find”所描述的是连续行动“search”结束时的结果，即找到了某件东西或者某个人。当我们使用“find”这一成就类动词时就表示连续行动“search”已经结束了。

因此，在排除了状态类动词和成就类动词后，我们在区分连续行动时所需考虑的就仅是活动类动词和完成类动词了。在Vendler动词体理论的基础上，我们将连续行动区分为活动类和完成类。这两类连续行动的区别如下：

首先，是否具有目的性。

活动类的连续行动没有行动目的，其行动的履行不是为了达成某个目的或者目标；完成类的连续行动则拥有行动目的，其行动的履行是为了“建一座房子”“做一把椅子”等目的的达成，但是完成类的连续行动在被履行的当下并不要求行动目的必须达成。

其次，是否具有重复性。

活动类的连续行动具有重复性，例如“跑步”“游泳”“寻找”等活动类行动都是具有重复性的，即在行动没有完成前，行动者所要做的就是重复做同一或者同类行动就可以了。这就要求活动类的连续行动具有最小单元，这些最小单元的不断重复就构成了活动类的连续行动。例如，对于“跑步”这一活动类的连续行动而言，假设其最小单元是“跑一步”，那么这一最小单元本身以及这一最小单元的不断重复就是活动类的连续行动[①]；完成类的连续行动是不具有重复性的，其行动就是为了某一目的所做的所有（瞬时或者连续）行动的和。例如“做一把椅子”这一完成类的连续行动就是“伐木头”“裁木头”“做出椅子的各个零部件”以及“拼装这些零件”等行动复合在一起构成的。当然，这些被复合的连续行动也可能会是活动类的连续行动，例如“跑步去单位”“走路去上学”等。

如上文中所述，STIT 逻辑可以从不同的时间节点来考察行动的真假。本书中，我们仅选择在连续行动发生当下的某一时间段上来评价连续行动的真假，其他的评价连续行动的时间参数则留待以后讨论。

对于任意的行动者 α 以及任意的语句 A 而言，$[\alpha]^{d}A$ 就表示一个行动，在这个行动中行动者 α 确保行动结果 A 为真。由 dstit 算子所刻画的行动是瞬时行动。我们用 dstit 算子，从行动发生当下这一时间参照点来评价瞬时行动的真假。STIT 理论的语义以分支时间逻辑为基础，也就是说 STIT 逻辑中的语义框架以由时间点构成的非空集合 Tree 和集合 Tree 上的树状序关系 R 构成。集合 Tree 中任意的一个极大线性序列都可被称为一支历史，历史可被表示为 h_1、h_2、h_3 等。如果令 m 表示任意的时间点，h 表示任意的历史且 m 属于 h 的话，那么在 STIT 逻辑的模型以及参数组 m/h 下 $[\alpha]^{d}A$ 为真，当且仅当行动者 α 凭借自身的行动或者选择保证 A 为真，而且 A 不是必然为真的。

本书中，我们使用算子 d-act 和算子 d-ach 来分别刻画活动类连续行动和完成类连续行动。对于任意的行动者 α 以及任意的语句 A 而言，$[\alpha]^{d-act}A$ 就表示任意的活动类连续行动，而 $[\alpha]^{d-ach}A$ 则表示任意的完成类连续行动。

---

① 这里我们将重复作广义理解，即作为最小单元的连续行动做一次是重复，做多于一次也是重复。

对于活动类的连续行动而言，其为真当且仅当该行动在当下正在被履行。在这一解释中，“当下”可以有两种理解，一种是理解为时间段，这是因为对于“约翰跑步”“约翰游泳”这种连续行动而言，其行动“跑步”或者“游泳”都是可重复的行动，只要可被重复的基本单位在某一个时间段上发生了，那么这一行动就为真。另一种理解是将“当下”理解为时间点，这是因为存在一些连续行动，其只要在某一时间点上正在被履行的话就为真。例如，“坐地铁”“乘公交”等。对于这种活动类的连续行动而言，其只要在某一时间点上正在被履行，即行动者没有下车即可。因此，对于活动类的连续行动而言，我们需要引入一个不那么严格的时间段的定义，即对于任意的两个时间点 m 和 m^*，如果 $m \leq m^*$①，那么我们就可用［m，m^*］表示任意的一个时间段，而任意的时间点 m 就可被表示为［m，m］。

在这种情况下，活动类的连续行动 $[\alpha]^{d-act}A$ 在某一时间段［m，m^*］以及包含该时间段的历史 h 上为真，当且仅当行动者 α 凭借自身在该时间段下的行动或者选择保证 A 为真，而且 A 不是必然为真的。

对于完成类的连续行动而言，其为真当且仅当该行动在当下正在努力确保行动结果为真，即行动者在当下正在通过自己的行动或者选择尽量保证行动结果为真。在这一解释中，“当下”只能有一种理解，即为时间段或者说严格的时间段，这是因为完成类的连续行动不具有重复性，所以不需要引入活动类连续行动中刻画被重复的基本行动单元的时间段或者时间点。所以说，在给出完成类连续行动语义刻画时，我们需要将时间段定义如下：对于任意的两个时间点 m 和 m^*，如果 $m < m^*$，那么我们就可用［m，m^*］表示任意的一个时间段。

---

①　这里的≤表示偏序关系，下文中我们还会使用＜表示严格偏序关系。

在这种情况下，完成类的连续行动 $[\alpha]^{d-ach}A$ 在某一时间段 [m, m*] 以及包含该时间段的历史 h 上为真，当且仅当行动者 α 凭借自身在该时间段下的行动或者选择所能保证的结果中包含 A 为真的这一结果，而且 A 不是必然为真的。

因此，我们就利用 STIT 逻辑分别给出了活动类连续行动和完成类连续行动的逻辑刻画，而由这两类逻辑刻画我们也能够看出，这两类连续行动是需要分别给出刻画方案的，很难笼统地放在一个方案下进行刻画或者说明。

（五）存在的问题及未来的工作

本书中，我们针对连续行动进行了分类，并初步给出了活动类连续行动和完成类连续行动的逻辑刻画方法。在给出语义刻画方案的过程中，我们并没有引入更为复杂的算子（如时间逻辑中的算子 Until 等）或者理论（如决策论等）来帮助刻画连续行动，而是在界定清楚我们所选择的连续行动刻画方案的基础上，尽量使用最为简易的参数来将不同类型的连续行动解释出来以便于保证方案的直观性，进而为后续的那些更为精细的逻辑形式刻画工作打下基础。

我们在这里主要涉及的是从连续行动发生当下来评价该连续行动真假的研究视角，除此之外还可以从连续行动发生之后等其他时间视角或者时间节点来审视连续行动的真假，进而构造不同的 STIT 逻辑系统。另外，所给出的逻辑方案的后续细化工作以及这一方案与其他逻辑刻画方案的比较或融合等问题，都值得以后进行进一步的研究和探索。

四 内涵因素的添加

Belnap、Müller [2014 (a)] 给出了一个刻画内涵的一阶模态逻辑

CIFOL。CIFOL 是英文 case intensional first order logic 的缩写，即用（不同）情境刻画内涵的（模态）一阶逻辑。这样的内涵一阶逻辑或者说模态谓词逻辑被要求能够表示在不同可能环境下或者说可能情境下的事物的等同和不同。CIFOL 的创立是出于对众多模态谓词逻辑的不满，认为这些模态谓词演算逻辑没有展示出使用上的简易性、统一性，并且在表达力上也不够强，所以才会有 CIFOL 的出现。CIFOL 是 Bressan［1972］基础上的一个修正。出于帮助理解科学理论的某些方面的目的，Bressan［1972］给出了一个模态谓词逻辑 ML^V。ML^V被认为是 Carnap［1947］外延和内涵方法的深入研究。因此，CIFOL 是沿着 Carnap［1947］以及 Bressan［1972］的研究路线前进的一个成果。这一逻辑被给出后 Belnap［2014］又对系统进行了扩充进而得到了 CIFOL+。Belnap、Müller［2014（b）］将这一研究成果引入到分支时间逻辑的刻画中来。Müller［2014］进一步将 CIFOL 引入到事物的追踪刻画中来，因此可以说以 CIFOL 为基础构造的兼具内涵和外延的研究工作已经被用来刻画事物。至于这一研究工作能否被用来刻画行动或者说不同情境下的行动的履行则还是一个开放问题，有待于以后研究工作的进一步展开。

（一）跨界同一问题与内涵的引入

语言哲学中所讨论的跨界同一问题实际上就是如何说明在不同参数标注下的事物是否是同一事物的问题。这一参数标注可以是可能世界（possible worlds）、情境（cases），也可能是时间点（points of time）等。例如下面的这一户外围场情境中，占据这一围场的是一匹叫作安迪的棕色母马。一个小时之后安迪去了谷仓并且围场被一匹叫作黛西的灰色母马占据。然而，安迪被留在围场中这也是可能的。在这种可能性下，围场就被两匹母马所占据。因此，在场景或者说可能情境不停变换的情形下，我们如何使用“安迪”或者“黛西”这样的语词追踪同一个个体（如特定的一匹棕色母马或者灰色母马）并且保持这种语词所指称个体主要性质不变就是一个重要的问题。CIFOL 所要做的就是处理跨（不同）情境（case）的个体追踪问题。

与一般的一阶模态谓词逻辑相比，CIFOL 在句法上增加了如下的这些部分：

（1）常项 * 表示不存在；

（2）n 元算子（常项或者 λ 算子）η；

（3）$\alpha_1 = \alpha_2$ 以表示情境上的同一（case-dependent identity）。

需要注意的是，对于 CIFOL 的语言，我们用 α_1，α_2，α_3，……表示任意的项，用 Θ 表示任意的谓词或者其他任何通过应用 n 元谓词（常项或者 λ 算子）得到的语句。

CIFOL 的语言中，表示限定摹状词（definite description）ɿ项有三种，分别是：ɿx（Φ）、λ 谓词 λx（Φ）以及 λ 算子 λx（α）。一个限定摹状词ɿx（Φ）是一个项；λ 谓词 λx（Φ）后面紧跟一个项 β，得到的是公式（或者语句）λx（Φ）β；λ 算子 λx（α）后面紧跟一个项 β，得到的是项 λx（α）β。值得注意的是，CIFOL 中的 λ 谓词以及 λ 算子都是一元的。

在 CIFOL 的语义上，最为重要的一个概念就是情境。在技术上看，可令 Γ 表示所有情境构成的集合，任意的情境可被表示为：γ_1，γ_2，γ_3，……

由于 CIFOL 使用内涵的方式定义个体，所以个体域 D 在系统中唯一的作用就是跨情境同一，即 $\alpha_1 = \alpha_2$ 在情境 γ 中为真，当且仅当 α_1 在 γ 中的外延 D 与 α_2 在 γ 中的外延相同。因此，可以将 D 简单规定为独立于情境的特定论域。对于外延并不存在的个体，我们可以定义如下的存在谓词 E：$\Box\forall x$（$Ex \leftrightarrow x \neq *$）。

如果将 CIFOL 的语义称为情境—内涵语义（case-intensional semantics），那么情境—内涵语义的特点可被定义为：对于 $\mathit{\Gamma}$ 中的任意情境 γ，每一个类型（type）的每一个表达式都有一个 γ 中的内涵和一个 γ 中的外延。对于"个体内涵"（individual intension），其可被定义为函数：$\mathit{\Gamma} \rightarrow D$；对于"命题内涵"（propositional intension），其可被定义为函数 $\Gamma \rightarrow \{1, 0\}$。令 $\bar{z}$ 表示 CIFOL 语言中的个体内涵，那么 $\bar{z}$（γ）$\in$ D。在情境—内涵语义中，对于特定的谓词 Θ，语句 Θ（α）在情境 γ 中的真值不但依赖于个体项 α 在情境 γ 中的外延，还依赖于个体项 α 在情境 γ 中的内涵。

令 δ 表示任意指派函数，即为任意个体变项指派个体内涵的函数。令ι表示所有这些指派的集合，即ι = Var→（$\mathit{\Gamma} \rightarrow D$）。

总之，Γ 是所有情境构成的集合，γ 是 Γ 中的任意情境；D 是外延论域，d 是 D 中的任意元素；△是由函数 $Var \rightarrow$（$\Gamma \rightarrow D$）构成的集合以为变项给出内涵指派真值；δ 是△中的任意元素；I 是一个内涵解释，其为 CIFOL 语言中的个体、谓词、算子等给出内涵解释，即

$I(c) \in \Gamma \rightarrow D$

$I(p) \in \Gamma \rightarrow \{1, 0\}$

$I(P) \in \Gamma \rightarrow ((\mathit{\Gamma} \rightarrow D) \rightarrow \{1, 0\})$

$I(f) \in \mathit{\Gamma} \rightarrow ((\Gamma \rightarrow D) \rightarrow D)$

这里我们假定 P 和 f 都是一元的。因此，可得 CIFOL 的模型 $M = \langle \mathit{\Gamma}, D, I \rangle$。

实际上，系统 CIFOL 所要做的是，对于任何一个包含变项的有意义的表达式 ξ，其都有（1）一个内涵且这一内涵仅依赖模型 M 和变项

的指派 δ；（2）一个外延且对于任意情境 γ，这一外延都依赖于模型 M、指派 δ 以及情境 γ。

相对于某一模型 M 以及变项的指派 δ，任意包含变项的（有意义的）表达式 ξ 的内涵可被表示为：$\text{int}_{M,\delta}(\xi)$。$\text{int}_{M,\delta}(\xi)$ 可被表示为 $\Gamma \to X$，其中 X 是一个集合且该集合是由与 ξ 类型相同的表达式的外延构成的。

相对于某一模型 M、变项的指派 δ 以及情境 γ，任意可能包含变项的（有意义的）表达式 ξ 的外延可被表示为：$ext_{M,\delta,\gamma}(\xi)$。对于任意表达式 ξ 而言，下面的等式成立：

$$ext_{M,\delta,\gamma}(\xi) =_{df} (int_{M,\delta}(\xi))(\gamma)$$

$$int_{M,\delta}(\xi) =_{df} \lambda\gamma(\gamma \in \Gamma)(\text{ext}_{M,\delta,\gamma}(\xi))$$

具体来说，相对于某一模型 M、变项的指派 δ 以及情境 γ，

任意项 α 的内涵：$\text{int}_{M,\delta}(\alpha) \in \Gamma \to D$

任意项 α 的外延：$\text{ext}_{M,\delta,\gamma}(\alpha) \in D$

任意语句 Φ 的内涵：$\text{int}_{M,\delta}(\Phi) \in \Gamma \to \{1, 0\}$

任意语句 Φ 的内涵：$\text{ext}_{M,\delta,\gamma}(\Phi) \in \{1, 0\}$

对于任意的命题变项 p，常项 c，变项 x，可定义：

$$\text{int}_{M,\delta}(p) =_{df} I(p)$$

$$\text{int}_{M,\delta}(c) =_{df} I(c)$$

$$\text{int}_{M,\delta}(x) =_{df} \delta(x)$$

在继续说明 CIFOL 中的解释 I 之前，我们将首先介绍 Belnap、Müller［2014（a）］中所给出的句法替换（syntactic substitution）以及指派变更（assignment-shift）规则。

令［α/x］（ξ）为用封闭个体项（closed individual term）α 替换表达式 ξ 中 x 的所有自由出现得到的结果。令 x、y 为任意的变项，$\delta \in \text{Var} \to$

$(\Gamma\to D)$，$\bar{z}\in\Gamma\to D$，$[\bar{z}/x](\delta)\in Var\to(\Gamma\to D)$，那么：

$$([\bar{z}/x](\delta))(y)=_{df}\begin{cases}\bar{z}，如果\ x=y\\ \delta(y)，否则\end{cases}$$

其中 $[\bar{z}/x](\delta)$ 就表示通过将指派 δ 改变为 x 的内涵值 $\bar{z}$ 且保持对所有其他变项的指派不变的情况下得到的结果。可定义 $ext_{M,\delta,\gamma}([\alpha/x](\xi))=ext_{M,[intm,\delta(\alpha)/x](\delta),\gamma}(\xi)$。

一个表达式 ξ 的语义真值不应依赖于不在 ξ 中自由出现的变项的指派。

对于任意的函数 f，谓词 P，其解释 I 可被定义如下：

任意函数 f 的内涵：$int_{M,\delta}(f)=_{df}I(f)\in\Gamma\to((\Gamma\to D)\to D)$

任意函数 f 的外延：$ext_{M,\delta,\gamma}(f)\in(\Gamma\to D)\to D$

任意谓词 P 的内涵：$int_{M,\delta}(P)=_{df}I(P)\in\Gamma\to((\Gamma\to D)\to\{1,0\})$

任意函数 P 的外延：$ext_{M,\delta,\gamma}(P)\in((\Gamma\to D)\to\{1,0\})$

更为精细地：

$int_{M,\delta,\gamma}(f(\alpha))=_{df}\lambda\gamma((ext_{M,\delta,\gamma}(f))(int_{M,\delta}(\alpha))$

$int_{M,\delta,\gamma}(P(\alpha))=_{df}\lambda\gamma((ext_{M,\delta,\gamma}(P))(int_{M,\delta}(\alpha))$

$ext_{M,\delta,\gamma}(f(\alpha))=_{df}(ext_{M,\delta,\gamma}(f))(int_{M,\delta}(\alpha))\in D$

$ext_{M,\delta,\gamma}(P(\alpha))=_{df}(ext_{M,\delta,\gamma}(P))(int_{M,\delta}(\alpha))\in\{1,0\}$

对于任意的 λ 算子、λ 项、λ 谓词

$int_{M,\delta,\gamma}((\lambda x(\beta))\alpha)=_{df}int_{M,\delta,\gamma}([\alpha/x]\beta)$

$int_{M,\delta,\gamma}((\lambda x(\Phi))\alpha)=_{df}int_{M,\delta,\gamma}([\alpha/x]\Phi)$

由上面给出的公式 $ext_{M,\delta,\gamma}(\xi)=_{df}(int_{M,\delta}(\xi))(\gamma)$ 可得 $\lambda x(\beta)\alpha$ 以及 $\lambda x(\Phi)\alpha$ 的外延定义。

对于任意的等式 $\alpha_1 = \alpha_2$

$$\text{ext}_{M,\delta,\gamma}(\alpha_1 = \alpha_2) =_{df} \begin{cases} 1 \text{ 当且仅当 } \text{ext}_{M,\delta,\gamma}(\alpha_1) = \text{ext}_{M,\delta,\gamma}(\alpha_2) \\ 0 \text{ 否则 } \text{int}_{M,\delta}(\alpha_1 = \alpha_2) =_{df} \lambda\gamma(\text{ext}_{M,\delta,\gamma}(\alpha_1 = \alpha_2)) \end{cases}$$

对于任意的语句（或者公式）Φ

$$\text{ext}_{M,\delta,\gamma}(\neg \Phi) =_{df} \begin{cases} 1 \text{ 当且仅当 } ext_{M,\delta,\gamma}(\Phi) = 0 \\ 0 \text{ 否则} \end{cases}$$

$$ext_{M,\delta,\gamma}(\Phi_1 \wedge \Phi_2) =_{df} \begin{cases} 1 \text{ 当且仅当 } \text{ext}_{M,\delta,\gamma}(\Phi_1) = \text{ext}_{M,\delta,\gamma}(\Phi_2) = 1 \\ 0 \text{ 否则} \end{cases}$$

$$\text{ext}_{M,\delta,\gamma}(\Box\Phi) =_{df} \begin{cases} 1 \text{ 当且仅当对于 } \Gamma \text{ 中任意的} \gamma'\text{，} \text{ext}_{M,\delta,\gamma'}(\Phi) = 1 \\ 0 \text{ 否则} \end{cases}$$

$$\text{ext}_{M,\delta,\gamma}(\Phi) =_{df} \begin{cases} 1 \text{ 当且仅当对于存在 } \Gamma \text{ 的} \gamma' \text{使得 } \text{ext}_{M,\delta,\gamma'}(\Phi) = 1 \\ 0 \text{ 否则} \end{cases}$$

$$\text{ext}_{M,\delta,\gamma}(\exists x\Phi) =_{df} \begin{cases} 1 \text{ 当且仅当} \exists \bar{z}(\bar{z} \in (\Gamma \to D)) \text{ 并且 } \text{ext}_{M,[\bar{z}/x](\delta),\gamma}(\Phi) = 1 \\ 0 \text{ 否则} \end{cases}$$

$$\text{ext}_{M,\delta,\gamma}(\forall x\Phi) =_{df} \begin{cases} 1 \text{ 当且仅当} \forall \bar{z}(\bar{z} \in (\Gamma \to D) \to \text{ext}_{M,[\bar{z}/x](\delta),\gamma}(\Phi) = 1) \\ 0 \text{ 否则} \end{cases}$$

通过上文中所给出的公式 $\text{int}_{M,\delta}(\xi) =_{df} \lambda\gamma(\gamma \in \Gamma)(ext_{M,\delta,\gamma}(\xi))$，我们就能得到上述语句的内涵。

将量词 $\exists_1$ 定义为仅存在一个，那么对于任意的变项 x 以及语句 Φ，$\exists_1 x\Phi$ 就可被定义为：$\exists x(\Phi \wedge \forall [y/x] \Phi \to y = x)$。可以用 Φ_1 表示 $(\Phi \wedge \forall [y/x] \Phi \to y = x)$。对于任一给定的指派 δ 和情境 γ，可得存在 D 中唯一的元素 d 使得 $\bar{z} \in \Gamma \to D$。可得

如果 $ext_{M,[\bar{z}/x](\delta),\gamma}(\Phi_1) = 1$，那么 $\bar{z}(\gamma) = d$。

我们称 d 为 $\exists_1 x\Phi$ 在参数 M、δ、γ下的外延见证（*extensional wit-*

ness）。这样限定摹状词就能被定义为在每个情境下都拥有一个外延的特定的ι项

$$ext_{M,\delta,\gamma}(\iota x\Phi) =_{df} \begin{cases} * \text{ 当且仅当 } ext_{M,\delta,\gamma}(\exists_1 x\Phi)=0 \\ \exists_1 x\Phi \text{ 在参数 } M, \delta, \gamma \text{ 下的外延见证当且仅当 } ext_{M,\delta,\gamma}(\exists_1 x\Phi)=1 \end{cases}$$

（二）后续的发展

Belnap、Müller［2014（a）］中给出了 CIFOL 的大体内容，通过这一系统我们能够对限定摹状词等语言哲学中的现象进行一定的解释和说明。Belnap［2014］进一步扩充了 CIFOL 的表达力，进而形成了系统 CIFOL+。在 CIFOL+ 中，表示真的项 t 以及表示假的项 f 被添加到系统的语言中来，除此之外还添加了新的谓词 P_0 以便于表示某一语句在某一情况 x 中为真这种情况。如果说 CIFOL 对情境的结构没有做任何要求，那么 Belnap、Müller［2014（b）］所给出的系统 BH-CIFOL 就为情况增加了结构要求，即该系统中的任一情境都是一个由时间和历史构成的对。这种结构使得我们可以讨论一些时态算子。

第三章　与动态逻辑的交叉

STIT 逻辑与 PDL 都是以行动作为自己的刻画对象，因此本章中，我们将介绍这两条逻辑分支之间的比较，乃至融合。

一　STIT 与 ETL 的比较

ETL 是 epistemic temporal logic 的缩写，即知识时态逻辑。ETL 是在动态知识逻辑（dynamic epistemic logic）的基础上发展出来的。动态知识逻辑所刻画的是多主体（multi-agent）系统中关于信念（belief）的动态学（dynamics）。在动态知识逻辑中加入时态逻辑（temporal logic）中的算子或者语义解释方法，就得到了 ETL。ETL 可以被用来处理哲学、计算机等领域中的信息流转问题，是动态逻辑中的一个重要研究方向。Xu［2010］就比较了 STIT 与 ETL 之间的差别和联系并给出了两个逻辑系统以便于说明 STIT 逻辑在向动态逻辑特别是 ETL 靠近的过程中应该如何处理两个逻辑分支各自特点的问题。

（一）ETL 简介

ETL 有很多不同的版本，本书中我们将简单介绍 van Benthem

［2011］所给出的 ETL 版本。从句法上看，ETL 将知识算子和时态算子整合到了一个逻辑系统当中，因此如何给出合适的语义解释就是一个重要的问题。van Benthem［2011］指出时间树（temporal trees）可以被引入到 ETL 的语义构造中来。

在这一语义解释方式中，令集合 A 表示行动者的集合，集合 E 表示事件的集合，集合 E 通常是有穷的。一个历史 h 就是一个有穷的事件序列。令 E^* 表示所有历史构成的集合，he 表示 h 中在事件 e 发生之后出现的唯一历史。对于任意的两支历史 h 和 h′，如果 h 是 h′的前缀（prefix），那么就可被表示为 $h \leqslant h'$。如果 h 是 h′的前缀（prefix）且 $h' = he$，那么就可被表示为 $h \leqslant_e h'$。对于集合 E^* 而言，如果历史集 H $\subseteq E^*$ 且在前缀下封闭，那么历史集 H 就被称为一个协议（protocol）。

一个 ETL 框架是一个三元组$\langle E, H, \{\sim_i\}_{i \in a}\rangle$，其中 E 是事件构成的集合、历史集 H 是一个协议、$\sim_i$ 是可及关系。一个 ETL 模型是一个 ETL 框架再加一个赋值函数 v。对于任意命题变项而言，v 都将其映射到 H 中的历史集上去。

一个 ETL 框架描述的是在某种信息处理的过程中知识是如何随着时间逐渐转变的。可见关系 $\sim_i$ 表示的是行动者对于当下历史的演变的不确定，这种不确定是由于行动者有限的观察能力或者记忆力导致的。因此，对于任意的两支历史 h 和 h′，$h \sim_i h'$就表示在行动者 i 看来，历史 h 和 h′是一样的。

ETL 的语言可被定义如下：

$p \mid \neg\varphi \mid \varphi\wedge\psi \mid [i]\varphi \mid \langle e\rangle\varphi$

其中 $i \in A$，$e \in E$。

这里，$[i]\varphi$表示行动者 i 知道φ。真值联结词以及模态算子$\langle i\rangle$、$\langle e\rangle$的定义如常。

如果令 M 为 ETL 模型$\langle E, H, \{\sim_i\}_{i\in a}, v\rangle$，h 为任意历史，那么对于任意公式φ而言，其赋值规则如常。另外［i］φ、$\langle e\rangle$φ的赋值规则可被规定如下：

M，h $\models$［i］φ，当且仅当对于协议 H 中的任意历史 h′，如果 $h\sim_i h'$，那么 M，h′ $\models$φ；

M，h $\models\langle e\rangle$φ，当且仅当协议 H 中存在历史 h′ = he 使得 M，h′ $\models$φ。

（二）ETL 与 RSL 的等价性

Xu［2010］讨论了 TEL 与 RSL 之间的翻译问题。Xu［2010］首先在经典 STIT 逻辑的基础上构建了 Stit-Action 逻辑，然后讨论了 Stit-Action 逻辑与 ETL 的比较问题。

为了更为清晰且直观地看到 Stit-Action 逻辑与 ETL 在处理行动者的行动或者选择上的特点和差异，Xu［2010］给出了一个 ETL 的无知识算子片段 TEL（temporal event logic）与 Stit-Action 逻辑的片段 RSL（restricted stit-action logic）之间的翻译。

由于 ETL 无法将行动者与事件联系起来、stit 算子难以在 ETL 中构建等原因，TEL 忽略了 ETL 中的知道算子，而 RSL 也是 Stit-Action 逻辑的一个片段。

TEL 的语言如下：

$q \mid \neg A \mid A\wedge B \mid F_e A \mid P_e A$　　　其中 $e\in E$

假定我们所讨论的树状框架都是离散的（discrete）。在一个框架$\langle Tree, <\rangle$中，对于 Tree 中任意的一个时间点 m，任意结果 O 都可被表示为 O_m 且 $O_m=\langle m'\in T, m\leqslant m'\rangle$。对于 Tree 中的任意两个时间点 m、m′，如果 m < m′且这两个时间点之间不存在任意其他的时间点，那么$\langle m, O_{m'}\rangle$就是一个即刻的过渡。因此，我们可以使用$\langle m, m'\rangle$来代替

$\langle m, O_{m'}\rangle$这一形式表示。对于任意时间点 m，令 m^+ 表示 m 的直接后继，即 $m < m'$且这两个时间点之间不存在任意其他的时间点。因此可得：

$h \in h_m^e$，当且仅当$\langle m, m^+\rangle \in e$，当且仅当存在 e 中的某一$\langle m, m'\rangle$，$m' \in h$。

一个 TEL 的模型 $M = \langle E, S, v\rangle$，其中 E 是一个非空的事件（或者事件类型）集，S 是一个非空的状态（states）集，并且每一个状态都是由事件构成的非空有穷序列且这一序列在前缀下封闭。我们使用 s，s′等来表示任意的（有穷或者无穷的）非空事件序列。对于任意的 η，$\eta' \leq \omega$，任意的 $s = \langle e_i\rangle_{i \leq \eta}$，$s' = \langle e_i'\rangle_{i \leq \eta'}$，s 是 s′的前缀（可记为：$s \leqslant^* s'$），当且仅当 $\eta \leqslant \eta'$且对于任意 $i \leq \eta$，$e_i = e_i'$。如果 $s = \langle e_0, \cdots, e_k\rangle$，那么 $s * \langle e\rangle$就表示$\langle e_0, \cdots, e_k, e\rangle$。$s < s'$，当且仅当 $s \leqslant^* s'$且 $s \neq s'$。S 中的极大（可能是无穷的）$\leqslant^*$链就是一个历史。对于大于或者等于 0 的 κ，如果 $s_k = \langle e_0, \cdots, e_k\rangle$，那么为了方便可用$\langle e_0, e_1, \cdots\rangle$代替｛$s_0$，$s_1$，…｝来表示 S 中的历史。对于 S 中任意的历史 h 以及事态 s，如果 $s \leqslant^* h$，那么就可以说 h 经过 s。

令 v 为一个赋值函数，其为每一个命题变项指派集合｛$\langle s, h\rangle$：h 经过 s｝中的一个子集。因此，对于任意的 TEL 模型 M 以及参数对 s，h（h 经过 s），M，s，h $\vDash$ A 可被定义如下：

M，s，h $\vDash q$，当且仅当$\langle s, h\rangle \in v(q)$；

M，s，h $\vDash \neg A$，当且仅当并非 M，s，h $\vDash A$；

M，s，h $\vDash A \wedge B$，当且仅当 M，s，h $\vDash A$ 并且 M，s，h $\vDash B$；

M，s，h $\vDash F_e A$，当且仅当（$s * \langle e\rangle$）$\leqslant^* h$ 且 M，$s * \langle e\rangle$，h $\vDash A$；

M，s，h $\vDash P_e A$，当且仅当 $s = s' * \langle e\rangle$且 M，s′，h $\vDash B$。

RSL 这一片段的语言中仅有一个行动者α。对于行动者α、任意的行动集π，由这两者构成的 stit 算子后面只能跟永假常项⊤，因此 RSL 的语言如下：

q ∣ ¬A ∣ A ∧B ∣ ［α，π］⊤ ∣ FA ∣ PA　　其中π ∈ ASet

RSL 的模型是离散的（有类型的）stit-action 模型⟨Tree，＜，｛α｝，Act，ASet，v⟩（或者简单的就是⟨Tree，＜，Act，ASet，v⟩），其中 Act 就是 Act_{α}。

在上述构造的基础上，Xu［2010］给出了 TEL 与 RSL 之间的翻译以说明这两个模型是等价的。

二　动态逻辑对 STIT 逻辑的重构与改写

动态逻辑特别是以 PDL（propositional dynamic logic）为基础构建的很多逻辑系统与 STIT 一样都是刻画（理性）行动者及其所面对的选择。van Benthem，Pacuit［2006］指出很多对行动者及其选择的刻画方案都涉及由有穷序列构成的分枝树，且这些有穷序列都是由事件构成的。除此之外，动态逻辑还刻画了行动者在知识上的不可区别关系（epistemic indistinguishability relations），而 STIT 则在分支树的基础上还刻画了主事性这一行动者与事件之间的二元关系。在以往的研究中，很多 STIT 逻辑学者看到了动态逻辑以及 STIT 逻辑之间在模型或者说所要刻画根本内容上的相似性，并在 STIT 逻辑的基础上给出了对行动者的知识状态的刻画，甚至刻画了知识状态的变化对行动者行动或者选择的影响（如 Horty［2001］）。然而本小节中，我们将更多的注意力放在动态逻辑对 STIT 逻辑的重构和改写上，即在知识的动态逻辑研究的基础上，讨论其与行动等哲学概念的交叉问题（如 van Benthem［2017］；van Benthem，Pacuit［2014］）。

（一）对选择的刻画

van Benthem，Pacuit［2014］指出 STIT 式选择（STIT-style choice）的核心是一个 S5 逻辑。在此基础上，一个 STIT 式选择的场景可被描述为一个模型 $M=\langle W, \{\sim_i\}_{i\in a}, v\rangle$，其中 W 是一个非空集；A 是行动者的集合，对于 A 中任意的行动者 i，$\sim_i$ 就表示 W 上的一个等价关系，这一等价关系也可被表示为 $[w]_i$；v 是一个赋值函数。不失一般性地，我们可以将集合 A 限制到只有两个行动者的情况下，即 $A=\{1, 2\}$。因此，严格说来 STIT 式选择的模型就是一个标准的多主体 S5 模型。相对于这一模型，我们可以在句法上给出算子［i］（$i\in A$）和 E。其中［i］表示等价关系 $\sim_i$，E 表示存在模态词。也就是说对于模型 M 及其中的元素 w 而言，$M, w\models[i]\varphi$，当且仅当对于 W 中的任意元素 u，如果 $w\sim_i u$，那么 $M, u\models\varphi$；$M, w\models E\varphi$，当且仅当存在 W 中的任意元素 u 使得 $M, u\models\varphi$。因此可见，STIT 逻辑中行动者独立性这一假设对应着模型 M 中的下面这一公理：

$$(E[1]\varphi\wedge E[2]\psi)\rightarrow E(\varphi\wedge\psi)$$

van Benthem，Pacuit［2014］将这一公理称为积公理（product axiom），其直观意思就是一个行动者的行动或者选择不会影响别的行动者的行动或者选择，即两个行动者的选择是可以重合的。

M 这类模型的逻辑就是一个多主体的 S5 加积公理的逻辑。在这种逻辑系统中，很多有意思的定理能够被推出，例如 $[1][2]\varphi\leftrightarrow[2][1]\varphi\leftrightarrow U\varphi$，其中 U 是 E 的对偶算子。如果对上述的这种基础系统（多主体的 S5 加积公理）进行扩充还能够得到很多有趣的定理。总之，基础的 STIT 逻辑可被视为一个简单的多主体的 S5 扩充。因此，正是基于这一认知，我们才说至少在这一点上 STIT 逻辑与行动的模态逻辑是处于同一世界的。

（二）STIT 逻辑与 PDL 的比较与融合

虽然说 PDL 与 STIT 在某些方面上是“处于同一世界的”，但是这两者之间也存在很多不同之处。鉴于之前已经介绍过很多 STIT 逻辑的内容，所以这一小节中我们将主要介绍 PDL 的内容。

PDL 是一种使用模态逻辑的手段刻画行动的动态逻辑。其核心观点是将行动视为一种过渡（transitions），这种过渡就将不同的系统的状态（states of the system）联系起来。PDL 的标准模型 M 是一个四元组 $<W, \{R_\alpha\}_{\alpha \in Act}, v, s>$，其中 W 是某种进程中的状态（states of some process）构成的集合，s 是集合 W 中的初始状态。对于任意的行动者α，加标的过渡关系 $R_\alpha \subseteq W \times W$，且 R_α 的直观意思就是行动者α所可能执行的基础行动（basic action）。可见，在这种模型上的模态语言能够描述行动的可能结果。除此之外，动态逻辑还能通过序列构成（sequential composition）、叠置（iteration）等手段来描述复杂的行动。

PDL 与 STIT 逻辑一样都承认行动的不同可能结果。然而，由于 PDL 将行动刻画为一种连接不同状态的过渡，所以显得 PDL 所刻画的结果状态看起来好像只有一种。在这方面 STIT 逻辑则强调行动结果的多样性，某一特定结果的出现只是因为我们的行动或者选择在不同的可能结果中确保了这一特定结果的出现。因此如何弥合 PDL 与 STIT 逻辑之间的这种差别就是一个重要的问题。

另外，从技术的角度来看，PDL 中刻画了加标的事件（labeled events）。如果我们要描述历史上发生了什么而不管行动者的选择，那么这种加标就是有意义的。然而，STIT 增加了控制（control）这一概念，这一概念对于主事性的刻画而言是关键且有意义的。由此导致的结果

就是，如果要刻画行动，那么就需要涉及事件和控制这两件事，即

行动=事件+控制

因此，在PDL与STIT逻辑的融合方案的模型中，过渡需要被添加一对标记，即事件和选择。在所有过渡关系或者具体状态的过渡上的控制就被视为一种等价关系。这样的结构就会支持一个融合的语言(joint language)，即在将PDL中的事件模态［e］与STIT中的模态<［i］>融合在一起的语言。

（三）形式工作的构建

实际上，已有一些模态逻辑系统能够为PDL与STIT逻辑融合系统的构建提供一些借鉴，例如矩阵博弈的模态逻辑（modal logic of matric games）。本小节中，我们首先介绍van der Hoek，Pauly［2006］有关矩阵博弈模态逻辑的一些内容。

一个有N个玩家的游戏被称为一个有N个玩家的战略游戏（strategy game），当且仅当（1）对于N中的任意成员i而言，集合A_i就是其行动构成的集合；（2）在结果集合上存在一个效益函数（utility function）或者偏好序列（preference order）。简便起见，结果常被等同于由策略组合（strategy profiles）构成的集合$S=\Pi_{i\in N}A_i$。给定一个策略组合$\sigma\in S$，$\sigma=(\alpha_1, \cdots, \alpha_n)$。对于玩家集N中的任意元素i，$\sigma_i$就等于$\alpha_i$且$\sigma_{-i}$列出了除行动者i外所有行动者的选择，即$\sigma_{-i}=(\alpha_1, \cdots, \alpha_{i-1}, \alpha_{i+1}, \cdots, \alpha_n)$。

从逻辑的角度看，集合S可被视为一个由“可能世界”构成的论域。相对于S中的任意元素σ和σ'，以及N中的任意玩家i，可在S上定义下面的这些关系：

$\sigma\sim_i\sigma'$，当且仅当$\sigma_i=\sigma'_i$；

$\sigma \approx_i \sigma'$，当且仅当 $\sigma_{-i} = \sigma'_{-i}$。

由此可以得到模型 $M = \langle S, \{\sim_i\}_{i\in N}, \{\approx_i\}_{i\in N}, v\rangle$，其中 S 是策略组合构成的集合，关系 $\sim_i$ 和 $\approx_i$ 的定义如上，赋值函数 v 则为任一原子命题指派某一策略组合构成的集合。这样我们就得到了标准的多模态模型（multi-modal models）。

上述所介绍的博弈模型（game models）支持很多逻辑语言，如简单的模态语言、混合模态逻辑等。在这里，我们仅介绍策略博弈（strategic games）中两个重要的模态算子。

对于任意的模型 $M = \langle S, \{\sim_i\}_{i\in N}, \{\approx_i\}_{i\in N}, v\rangle$ 以及 S 中的任意元素 σ 和 σ'，

$\sigma \vDash [\sim_i]\varphi$，当且仅当对于任意 σ' 而言，如果 $\sigma \sim_i \sigma'$，那么 $\sigma' \vDash \varphi$；

$\sigma \vDash [\approx_i]\varphi$，当且仅当对于任意 σ' 而言，如果 $\sigma \approx_i \sigma'$，那么 $\sigma' \vDash \varphi$。

第一个模态算子表示一个玩家已经作出了一次选择并且假定这一玩家对其他人的选择是不确定的这一知识；第二个算子表示玩家选择上的自由性。将这两个算子组合到一起，即 $[\sim_i][\approx_i]\varphi$ 就表示 φ 在矩阵博弈模型的每一个世界中都真。并且 $[\sim_i][\approx_i]\varphi \leftrightarrow [\approx_i][\sim_i]\varphi$ 在任意矩阵博弈模型上都是有效的。

在此基础上，van Benthem，Pacuit［2014］给出了基于矩阵博弈逻辑算子的 STIT 算子，即：

$[i\ stit]\varphi := [\sim_i]\varphi$

$\Box\varphi := [\sim_i][\approx_i]\varphi$

van Benthem，Pacuit［2014］更证明 STIT 逻辑被翻译后能被准确地嵌入全矩阵博弈（full matrix games）的模态逻辑里，并且公式（E

$[\sim_1]\varphi\wedge E[\sim_2]\psi)\rightarrow E(\varphi\wedge\psi)$ 在满足如下条件的系统中是可推出的，即（1）多主体的 S5 以及（2）拥有 $[\sim_i]$ 和 $[\approx_i]$ 这两个算子的交换律。

这种嵌入过程建立了 STIT 逻辑与 PDL 之间的联系，或者更具体来说是建立了 STIT 逻辑与矩阵博弈之间的联系。这种联系将知识（knowledge）的概念引入了进来。这里的知识是行动者确定的知识，但这种知识却对其他人（或者说玩家）的选择一无所知。知识并不在 STIT 框架中被明确提及，而是看似潜伏在幕后。实际上，知识可以有很多种呈现方式，例如选择和行动就自然地伴随着知识的变动（varieties of knowledge）。

正如上一小节中所介绍的 ETL 片段的构造，STIT 逻辑与动态逻辑的融合或者改写方式很多。如果说上一小节中所介绍的工作代表了 STIT 逻辑研究者对两者关系问题的探索，那么这一小节所介绍的内容就代表了以 PDL 为基础的动态逻辑研究者们对 STIT 逻辑与动态逻辑之间关联性的讨论。

第四章　STIT 逻辑在其他领域的应用

作为一种主事性的逻辑、一种刻画行动的逻辑，STIT 逻辑给出了行动以及行动中主事性的刻画方式，因此 STIT 逻辑的发展或者应用方向主要有两个：

（1）精细化发展，即不满足于只给出行动的刻画方式，而是精细化到不同类别的行动的刻画上去；

（2）与行动相关联概念的应用，即将对行动的刻画融入一些与行动相关联的概念或者问题的刻画或者解决中去。

这一章中，我们将以言语行为（特别是以言行事行为）和道义逻辑为例来分别介绍 STIT 逻辑的上述两个方向。

一　STIT 逻辑在言语行为理论中的应用①

言语行为（speech act）是一类特殊的行动。既然 STIT 逻辑是一种刻画行动的逻辑理论，那么使用 STIT 逻辑来刻画言语行为就是一个很有趣的尝试，实际上，很多学者也都在这方面做了很多工作。这里，我

---

①　本节内容出自贾青《主事性在以言行事行为中的逻辑刻画》，博士学位论文，中国人民大学哲学院，2011 年。

们以言语行为中的以言行事行为（illocutionary acts）为例，来说明 STIT 理论对言语行为理论的影响和刻画。

以言行事行为是言语行为中最重要的构成要件，当今的很多学者都将其作为独立的研究对象。例如，在 J. Searle 言语行为理论的基础上，D. Vanderveken 就深入研究了以言行事行为成功和被满足的问题。在他看来，作为人类行动之一种的以言行事行为就像其他的行动一样存在是否被成功履行的问题，而即使是成功的以言行事行为也可能会不被满足。例如，通过说出“我许诺，明天下午去接你。”这一语句，我可以成功地向你作出一个许诺，但是如果我并没有履行自己许诺去做的行动的话，那么这一以言行事行为就是不被满足的。以 Vanderveken 的理论为基础，Belnap 在其 2002 年发表的论文“Double Time References: Speech-act Reports as Modalities in an Indeterminist Setting”中提出了双时间参数理论，并利用 STIT 理论初步讨论了以言行事行为的成功和满足条件以及其中的主事性刻画等问题。贾青 2011 年的博士论文《主事性在以言行事行为中的逻辑刻画》中则进一步改进了 Belnap 的方案，将以言行事的刻画放到分支时空这一基础上来刻画，进一步精细化了以言行事的逻辑刻画方案。

（一）双时间参数理论

在以言行事行为本身都缺乏统一刻画方法的基础上，不可能会对以言行事行为整体有普遍性的认识，更不可能在以言行事行为的特殊背景下，构建出体现主事性因素的逻辑系统。因此，Belnap［2002］借鉴了 Searle 和 Vanderveken 的以言行事行为理论，从行动理论的角度出发，借助 STIT 理论对以言行事行为进行了形式化处理，并在这种形式化处理中体现了主事性因素。

在这篇论文中，Belnap 利用建立在分支时间逻辑基础上的 STIT 理论给出以言行事行为的形式化表达式和语义解释。另外，其方案还借鉴了 Vanderveken［2009］的研究。Vanderveken 在其语力系统的构建中分析了语境因素的构成要素，并将语境因素作为对以言行事行为进行真值赋值时的重要参数加以利用。在这一点上 Belnap 继承了 Vanderveken 的做法，在双时间参数理论中使用了如下这些参数对语境因素进行刻画，即语境中的说话者（the speaker of the context）、语境中的听话者（the audience of the context）、这一语境所处的时间点（the moment of the-context）以及评价时间点（the moment of evaluation）和评价历史（history of evaluation）这五个参数。

Belnap 在双时间参数理论中的主要工作就是在给出以言行事行为形式化表达式的基础上，将刻画主事性的基础，即分支时间逻辑与如上所述的语境参数结合起来，以对以言行事行为以及其中的主事性因素进行语义赋值。因此，其在 STIT 理论的模型〈Tree，<，Agents，Choice，v〉基础上，引入如下的四元组〈a_1，a_2，m_c，m/h〉，其中 a_1 为说话者，a_2 为听话者，m_c 表示情境当下所处的时间点，m/h 则表示由评价时间点和评价历史所构成的参数且 $m \in h$。

定义 4.1　在 STIT 理论的模型 M 以及参数序列 a_1，a_2，m_c，m/h 下，任一命题 A 为真，当且仅当在该模型中下面的条件被满足：

（1）$M, a_1, a_2, m_c, m/h \models A$ 且 A 为一原子公式，当且仅当 $a_1, a_2, m_c, m/h \in v(p)$；

（2）$M, a_1, a_2, m_c, m/h \models PA$，当且仅当 $\exists m_1 (m_1 \in h \wedge m_1 < m \wedge M, a_1, a_2, m_c, m_1/h \models A)$；

（3）$M, a_1, a_2, m_c, m/h \models FA$，当且仅当 $\exists m_1 (m_1 \in h \wedge m < m_1 \wedge M, a_1, a_2, m_c, m_1/h \models A)$；

（4）$M, a_1, a_2, m_c, m/h \models Sett: A$，当且仅当$\forall h_1$（$m \in h_1 \rightarrow M, a_1, a_2, m_c, m/h_1 \models A$）；

（5）$M, a_1, a_2, m_c, m/h \models [\alpha]^d A$，当且仅当下面两个条件被满足：

（i）对于所有的$h_1 \in Choice_m^\alpha$（h），$M, a_1, a_2, m_c, m/h_1 \models A$；

（ii）存在h_2使得$h_2 \in Hm$且$M, a_1, a_2, m_c, m/h_2 \models \neg A$。

在如上的语义解释中，被赋值的语句会有两种不同的类型：

（1）该语句中包含被转述的语句

例如，A对B说："C曾对D说过要去D的家接他。"在这一话语中出现了被转述的语句："C曾对D说过要去D的家接他。"因此在这一话语中出现了两个说话者A和C以及两个听话者B和D。在这种情况下，参数a_1和a_2所表示的说话者和听话者是在$a_1, a_2, m_c, m/h$这一参数序列所限定的情境下所指的说话者和听话者，即A和B；

（2）该语句中不包含被转述的语句

如果语句中不包含被转述的语句，那么就不会存在如上所述的复杂情况，即参数a_1和a_2所表示的说话者和听话者就是在$a_1, a_2, m_c, m/h$这一参数序列所限定的情境下的说话者和听话者。

因此，为了区分以言行事行为本身的说话者和听话者以及对某一以言行事行为进行转述的过程中所涉及的说话者和听话者，Belnap使用"t_1"表示说话者变项，"t_2"表示听话者变项并分别使用$Val_{a1,a2,mc,m0/h}$（t_1）和$Val_{a1,a2,mc,m0/h}$（t_2）表示在参数序列$a_1, a_2, m_c, m_0/h$下所指称的以言行事行为本身的说话者和听话者，其中参数m_0表示以言行事行为中的语句被说出（而非被转述）的时间点。

在双时间参数理论中，Belnap提出，与其他类型的行动相比，以言行事行为的特殊性就在于在履行以言行事行为的同时还需要履行说话这一行动。因此区分和刻画说话这一行动是给出以言行事行为的形式化表达以及语义解释的基础。

针对说话这一行动，Belnap 将其区分为两类，即单纯地说话（mereuttering）和真正地说话（truly uttering）。之所以会作出这样的区分是为了分别说明单纯或者仅仅是说话以及说出且所说为真这两者之间的区分。

在 Belnap［2002］所使用的语言 LTD 中，Belnap 首先使用 Utters（t_1，t_2，‘A’）表示单纯的说话，即“t_1 对 t_2 说出了‘A’”，其中 Utters 是一个三元的谓词，t_1 和 t_2 是 LTD 中的个体变项，分别表示说话者变项和听话者变项，而“A”则是被说出的语句。

定义 4.2　M，a_1，a_2，m_c，m_0/h $\models$ Utters（t_1，t_2，‘A’），当且仅当在模型 M 中，参数序列 a_1，a_2，m_c，m_0/h 下 t_1 的值对 t_2 的值说出了语句“A”，其中时间点 m_c 表示话语情境所处的时间点，而时间点 m_0 则表示语句被说出的时间点。

在时间参数 m_c 和 m_0 之间会存在如下两种不同的关系：

（1）$m_c = m_0$

如果被用于完成以言行事行为的语句未经转述，那么在作出该以言行事行为的当下，$m_c = m_0$。

（2）$m_c \neq m_0$

如果被用于完成以言行事行为的语句被转述，那么在这种情况下 $m_c \neq m_0$。例如，5 年前 A 对 B 说：“我向你许诺明天去接你。”那么如果在当下时间点 C 对 D 说：“A 曾对 B 许诺过去接他。”那么 5 年前语句被说出的时间点 m_0 就不会等同于当下该语句被转述的时间点 m_c。

规定 4.3　M，a_1，a_2，m_c，m_0/h $\models$ Utters（t_1，t_2，‘A’）$\rightarrow Val_{a1,a2,mc,m0/h}$（$t_1$）$\in$ Agents $\wedge$ $Val_{a1,a2,mc,m0/h}$（t_2）$\in$ Agents。

规定 4.4　M，a_1，a_2，m_c，m_0/h ⊨ Utters（t_1，t_2，‘A’），当且仅当 M，a_1，a_2，m_c，m_0/h ⊨ $[\{t_1, t_2\}]^d$ Utters（t_1，t_2，‘A’）。

如上的这两个规定是模型 M 应满足的条件，即模型 M 对语句 Utters（t_1，t_2，‘A’）的赋值必须受这些条件制约。

在双时间参数理论中，Belnap 所使用的 STIT 算子是 dstit，相较于其他的 stit 算子而言，DSTIT 具有如下特点：

（1）更关注行动本身，强调行动本身对某一或者某些不必然为真的语句真值的影响；

（2）对行动结果的忽视，正因为对行动本身的过分关注，使得 dstit 这一算子忽视了行动结果这一问题。因此在模型 M 中，以及参数序列 a_1，a_2，m_c，m_0/h 下，$[\{t_1, t_2\}]^d$ Utters（t_1，t_2，‘A’）的真值实际上是开放的。这是因为按照 dstit 算子的语义解释，M，a_1，a_2，m_c，m_0/h ⊨ $[\{t_1, t_2\}]^d$ Utters（t_1，t_2，‘A’），当且仅当（1）对于所有的 $h_1 \in Choice_{mc}^{t1}(h) \cap Choice_{mc}^{t2}(h)$，M，$a_1$，$a_2$，$m_c$，$m_0/h_1$ ⊨ Utters（t_1，t_2，‘A’），（2）存在 h_2 使得 $h_2 \in Hm_c$ 且 M，a_1，a_2，m_c，m_0/h_2 ⊨¬ Utters（t_1，t_2，‘A’）。因此对于 Utters（t_1，t_2，‘A’）真值的确定都是在行动被作出的当下情景中进行的，但实际上某些行动的真值在该行动被作出的当下情境中是无法确定的，如对“A 向 B 说‘我要去你家接你。’”这一话语在被说出的当下被说出的语句仍未被完成，因此并不能确定 Utters（t_1，t_2，‘我要去你家接你’）的真值，而 dstit 这一算子的语义解释中则忽略了这一问题。为了弥补 dstit 算子的这一不足，Belnap 才将“单纯的说话”的逻辑表达式修改如下：

假定对每一个行动者 α 而言，其都存在一个特定的语言 LTD 中的项，可被称之为 α^* 且 α^* “严格地”指称行动者 α 而不涉及任何情境或者参数，那么“说话”这一行动可被定义如下：

定义 4.5 五元组〈α_1，α_2，m_0，H，A〉表示一次单纯地说话，当且仅当下面的条件被满足：

（1）在时间点 m_0 上，对于行动者集合｛α_1，α_2｝而言 H 是一个可能的共同选择，即 H 是经过时间点 m_0 的某一些历史的集合；

（2）存在某些行动者 α_3、α_4，对每一 $h \in H$，都有 α_3，α_4，m_0，$m_0/h \models$ Utters（$\alpha_1{}^*$，$\alpha_2{}^*$，‘A’）。

如果〈α_1，α_2，m_0，H，A〉是一次说话，那么 α_1 就表示说话者，而 α_2 则表示听话者，m_0 表示说出“A”的时间，H 表示说话的结果，A 表示被说出的语句。

定义 4.6 如果用 Truly Utters（t_1，t_2，‘A’）表示“真正地说话”，那么 M，a_1，a_2，m_c，$m_0/h \models$ Truly Utters（t_1，t_2，‘A’）当且仅当下面的条件被满足：

（1）M，a_1，a_2，m_c，$m_0/h \models$ Utters（t_1，t_2，‘A’）；

（2）M，$Val_{a1,a2,mc,m0/h}$（t_1），$Val_{a1,a2,mc,m0/h}$（t_2），m_0，$m_0/h \models$ A。

即在模型 M 以及参数序列 a_1，a_2，m_c，m_0/h 下，t_1 向 t_2 说出语句“A”且如果语句“A”的说话者为 $Val_{a1,a2,mc,m0/h}$（t_1），听话者为 $Val_{a1,a2,mc,m0/h}$（t_2）的话，那么在参数序列 $Val_{a1,a2,mc,m0/h}$（t_1），$Val_{a1,a2,mc,m0/h}$（t_2），m_0，m_0/h 下，A 为真。

Utters（t_1，t_2，‘A’）是一个三元谓词，而 Truly Utters（t_1，t_2，‘A’）则是一个拟似的三元谓词，因为对“真正地说话”的真值的评定不仅依赖于其语境，还依赖于语句“A”的真值。因此，Truly Utters（t_1，t_2，‘A’）更像是一个标准的模态连接词。

在此基础上，Belnap 将以言行事行为形式化为：Speech-act（t_1，t_2，‘A’）。

定义 4.7 M，a_1，a_2，m_c，$m_0/h \models$ Speech-act（t_1，t_2，‘A’）当

且仅当 M，a_1，a_2，m_c，m_0/h ⊨ Truly utters（t_1，t_2，Speech-act（I，You，‘A’））

按照上述定义所述，如果令 t_1 为“我”，t_1 为“你”，那么“我向你许诺 A”就应等价于“我向你说了真话，我向你许诺 A”。

Speech-act（t_1，t_2，‘A’）是以言行事行为的形式化表达式，针对不同种类的以言行事行为，其形式化表达式还应作相应的修改，如“许诺”这种以言行事行为就可表示为：Promises（t_1，t_2，‘A’），以表示 t_1 向 t_2 许诺会令‘A’为真（t_1 promises t_2 to see to it that ‘A’ is true.）。

以言行事行为本身作为一种行动，为了强调其中的主事性，Belnap 作了如下规定：

定义 4.8 M，a_1，a_2，m_c，m_0/h ⊨ Speech-act（t_1，t_2，‘A’）当且仅当 M，a_1，a_2，m_c，m_0/h ⊨ $[\{t_1, t_2\}]^d$ Speech-act（t_1，t_2，‘A’）

如果下面的三个条件被满足，那么表示说话的五元组〈α_1，α_2，m_0，H，A〉就可以被用于表示一个以言行事行为：

（1）对于行动者集合 $\{\alpha_1, \alpha_2\}$ 而言，在时间点 m_0，H 是一个可能的群体选择，即 H 是历史的集合，其中的每一支历史都包含时间点 m_0。

（2）对于一些其他的行动者如 α_3，α_4 而言，对于每一历史 $h \in H$ 都有 α_3，α_4，m_0，m_0/h ⊨ Speech-act（$\alpha_1{}^*$，$\alpha_2{}^*$，‘A’）。

（3）如果〈α_1，α_2，m_0，H，A〉是任一类型的以言行事行为，那么 α_1 表示说话者，α_2 表示听话者，m_0 表示以言行事行为发生的时间点，H 是以言行事行为结果的集合，“A”是被说出的语句。

在以言行事行为理论中，以言行事行为的成功和满足之所以是其中的重要研究课题，这是因为如下的两个原因：

（1）以言行事行为作为人类行动中的一种，必然会涉及行动是否被成功履行这一问题，因此 Vanderveken 的语力逻辑才会以成功的以言行事行为为研究对象，如上所述的双时间参数理论中的部分内容也是对成功的以言行事行为所进行的研究，只不过这一研究中还体现出了成功的以言行事行为中的主事性因素。

（2）作为一种行动，以言行事行为在涉及主事性问题的同时，也必然会涉及客观世界中的对象或者事件。因此即使某一以言行事行为被成功履行了，如果客观世界中的对象或者事件不能满足或者符合其命题内容的要求时，该以言行事行为也可能会不被满足。

因此，为了给出被满足的以言行事行为语义解释，Belnap 以“许诺”这一以言行事行为为例说明了如何通过评价时间点这一参数的引入，确定某一以言行事行为是否被满足。

Belnap 认为，任一以言行事行为被满足，当且仅当存在某一评价时间点，在该评价时间点上我们可以说，该以言行事行为中的语句的真值为真，即客观世界中的对象或者事件满足或者符合了该以言行事行为中命题内容的要求。例如，如果在时间点 m_0（凌晨 0∶00）上 T 对 E 说“我向你许诺会发动一场海战”，那么在晚于 m_0 的某一时间点 m_4（当天的下午 4：00）上这一以言行事行为被满足，当且仅当 $\forall h$（$m_4 \in h \rightarrow T, E, m_0, m_0/h \models$ 我发动一场海战）。

定义 4.9　对于某一以言行事行为 Speech-act（t_1，t_2，‘A’）而言，其在模型 M 以及参数序列 a_1，a_2，m_c，m/h 下被满足，即 M，a_1，a_2，m_c，$m/h \models$ Speech-act（t_1，t_2，‘A’）被满足，当且仅当 $\forall h'$（$m \in h' \rightarrow M, a_1, a_2, m_0, m_0/h' \models A$）。

在双时间参数理论中，Belnap 在分支时间逻辑的基础上，利用 STIT 理论来刻画以言行事行为以及其中的主事性因素。该理论给出了以言行事行为，特别是成功的以言行事行为以及被满足的以言行事行为的语法刻画以及语义解释，但是该理论仍存在如下缺点：

（1）分支时间逻辑并不适合刻画群体行动。

以言行事行为本质上是一种由说话者和听话者所构成的群体行动。而分支时间逻辑并不适合刻画群体行动，因此以分支时间逻辑为基础而构建的双时间参数理论在刻画以言行事行为以及其中的主事性时必然是不适当的。分支时间逻辑之所以不适合刻画群体行动是因为，在分支时间逻辑中，地点参数无法被刻画，当我们谈及某一事件时，只能使用时间参数对该事件进行限制或者描述。由于地点参数的缺失导致分支时间逻辑所刻画的事件都是在某一时间点下，充满整个空间的“超大号事件”。而这种“超大号事件”则允许在任一时间点上出现多个行动者的行动，但是这种对群体行动的刻画却是与现实不符的。因为当某一行动者占据某一时间以及地点进行某种行动或者选择时，该时间以及地点就不可能会被其他的行动者所占据。因此可以说，在分支时间逻辑的基础上，由于不能刻画地点参数，会使得对以言行事行为的刻画不合直观。

（2）分支时间逻辑不能完整地刻画语境因素。

地点是语境因素中的一个重要构成部分，而分支时间逻辑无法刻画地点参数，因此对语境因素的不完整刻画也必然会导致以言行事行为语义解释的不适当。

虽然具有如上的两个缺点，但是 Belnap 的双时间参数理论不但给出了以言行事行为的统一刻画方法，而且还在刻画以言行事行为的同时刻画了其中的主事性因素，因此相比较于以言行事行为的很多种刻画方案而言，双时间参数理论更适合主事性在以言行事行为中的逻辑刻画，正因如此我们才将以这一理论为基础，通过将分支时间逻辑修改为分支时空逻辑的方法，解决如上的两个问题，给出以言行事行为以及其中主事性的逻辑刻画。

（二）改进理论中的基本要素

如果要在以言行事行为的背景下刻画其中的主事性因素，那么如下的两个问题就是要首先解决的：

（1）相较于其他的行动而言，以言行事行为有哪些特殊性、如何刻画这些特殊性？

（2）以言行事行为的这些特殊性又会对其中主事性因素的刻画提出哪些新要求？

其中，第一个问题中所谓的“特殊性”是指以言行事行为作为一类行动而言，其本身所具有的特点，即那些可以将以言行事行为与其他类型的行动区别开来的特点，而不是指不同类型的以言行事行为，如承诺式以言行事行为或者表情式以言行事行为等所分别具有的特点。而那些针对特殊类型的以言行事行为所进行的研究之所以不能被用于主事性在以言行事行为中的逻辑刻画，就是因为这些研究更注重某类以言行事行为的特殊性而不是所有类型的以言行事行为的共性。

针对第二个问题，正因为主事性这一二元关系是通过行动实现的，所以对于主事性的逻辑刻画必须建立在对实现该主事性的行动进行刻画的基础上。而以言行事行为作为一类特殊的行动，相较于其他的行动类型来说，具有自身的特殊性，这种特殊性也必然会对其中主事性因素的刻画提出某些新要求。如语力逻辑虽然注意到了以言行事行为的特殊性，并在系统的构建中强调了说话者的心理状态因素，但是却没有在对以言行事行为的刻画中注意到其中的主事因素，更没有说明以言行事行为的这种特殊性对主事性的刻画有哪些影响作用。

Belnap 的双时间参数理论则初步回答了如上两个问题。该理论认为与其他类型的行动相比，以言行事行为的特点就在于其是通过说话来完成的。如在说话者说出“我向你许诺明天去接你。”这一话语的同时，其也就完成了许诺这一以言行事行为。而对于以言行事行为特殊性对主事性因素刻画的新要求这一问题，Belnap 则提出无论对于成功的以言行事行为而言，还是对于被满足的以言行事行为而言，其真值的确定都需要除语境所处时间点以外的其他时间点（如语句被说出的时间点或者评价时间点）以及其他的参数（如说话者、听话者、历史）所构成的参数序列来确定，因此对于主事性在以言行事行为中的逻辑刻画而言，需要引入双时间参数。

但是 Belnap 的理论还存在一些问题，这些问题的根源就是其没有将地点参数添加到语境因素中去，以至于并不能合理地刻画以言行事行为的成功和满足。因此该理论虽然初步说明了如何使用 STIT 理论刻画以言行事行为以及其中的主事性因素，但是仍存在一些问题有待进一步阐释或者说明。这里，我们将简单说明以言行事行为的特殊性以及这种特殊性对以言行事行为本身在逻辑刻画上所提出的新要求等问题，并以此为基础说明主事性因素在其中的刻画应该注意哪些问题，即说明为什么地点这一参数应被添加到以言行事行为以及其中主事性因素的刻画中去。

按照 Searle 和 Vanderveken 的理论，简单的以言行事行为由语力 F 和命题内容 P 两部分所构成，以表示说话者在说出某些语句的同时表达出了某种意图或者力度。由于以言行事行为是在说话的过程中完成的行动，因此说话这一行动对于以言行事行为的作出以及以言行事行为类型的确定而言具有决定性的作用。而说话这一行动本身的判定或者真值赋值又是相对于不同语境而言的，因此语境因素对于说话这一行动的履行以及完成就会具有重要的影响作用，进而会影响到以言行事行为是否成功以及以言行事行为类型的确定等问题。如“我刚吃过早饭。”这一语句如果是在说话者已经吃过早饭的语境中被说出，那如上这一断定式的以言行事行为就为真，但是如果这一话语在说话者刚刚起床但还没有吃早饭的语境中被说出，那这一断定式的以言行事行为就为假。而“请帮我把文件拿过来。”这一语句如果在工作的语境中被听话者的上司所说出，那么这就是一个命令式的以言行事行为，而如果这一以言行事行为只是在一般的非工作语境中被说出，那么这就是一个请求式的以言行事行为。

因此，如果要构建以言行事行为的语义解释，那就必须刻画语境因素并明确语境因素的构成要素，以进一步确定这些不同的语境构成部分对以言行事行为真值赋值的影响。针对如何确定语境因素不同构成部分的这一问题，Searle 和 Vanderveken 都采用了 D. Kaplan 的理论，认为从语义的角度出发，在某一语义解释下，某种可能的语境由如下六个不同的部分构成：

（1）说话者

话语的说出既可能是由一个说话者所完成的也可能是由多个说话者所完成的，因此说话者既可单指某一个主体也可指多个主体，但却不能空指。

（2）听话者

即该话语情境中的听话者，同样，听话者既可指单一主体也可指多个主体，但却不能空指。

（3）由话语所构成的有限集合

话语所构成的有限集合就包含该语境条件下，说话者所可能说出的所有语句。

（4）时间

说出话语的当下时间点。

（5）地点

说出话语的当下地点。

（6）涉及说话者、听话者、时间、地点以及所说出话语的其他一些相关因素。

语力逻辑的构建，特别是语力逻辑中语义解释部分的构建虽然是建立在 Kaplan 理论基础上的，但是 Searle 和 Vanderveken 还是对 Kaplan 的如上界定做了下列修改：

（1）在如上几个构成部分的基础上，Searle 和 Vanderveken 又增加了如下这一部分，即与说话者相关的心理状态因素。如某一语境下说话者的意愿、意向或者愿望等不同的心理状态。

（2）如上的第三个语境构成部分，即由话语所构成的有限集这一语境构成部分不但被用于构建语力系统中的语义解释，还被用于给出以言行事行为的语法表达式。这是因为简单的以言行事行为由语力和命题内容两部分构成，因此由话语所构成的有限集也被用于表示命题内容 P，因而添加到了对以言行事行为的语法刻画中。

通过上述的修改，如上的说话者、听话者、时间、地点以及由话语所构成的有限集合这五个语境构成要素被转变为语力系统中的语义解释参数，以确定以言行事行为的真值。如上这些参数之所以可以被用于判断以言行事行为是否被成功履行，是因为按照 Vanderveken 的定义，成功的以言行事行为就是指那些能在特定语境中满足以言行事行为各个构成部分所要求条件的行为。但是由于 Vanderveken 并没有在其语力系统中区分语句是否被转述的问题，因此其语力系统中并没有区分语句被说出的时间点（m_0）以及语境所处的时间点（m_c）。

对于以言行事行为是否满足的判定而言，如上的这些参数则不再能满足我们的需要。正如在“我向你许诺，明天下午3点之前去你家接你。”这一以言行事行为中，如果要判定这一以言行事行为是否被满足，就需要在“明天下午3点”这一时间点上判断说话者是否履行了自己所许诺的事情。因此 Belnap 才提出对于以言行事行为满足的判定而言，需要增加评价时间点（m）这一参数。双时间参数理论所作的这些改进就说明仅有语境所处的时间点这一时间参数对于刻画以言行事行为而言是不够的，因此我们需要将时间参数由一个表示当下语境的时间点转变为所有时间点的集合。对于地点参数，其也会涉及与时间参数相同的问题，在如上的这一例子中，对于该许诺式的以言行事行为而言，即使对其是否成功的判定可以依靠语境中的地点参数加以确定，但是其满足与否的判定则需要另一地点参数，即在“你家”这一地点参数下判定说话者是否履行了自己所许诺的行动。因此，地点这一参数也不能仅由语境中的地点这一参数所表示，而应被转变为所有地点的集合。

因此，对于以言行事行为成功以及满足的判定而言，除语境的几个构成参数以外，分别包含语句被说出的时间点和评价时间点的时间点集合以及语句被说出的地点和评价地点参数的地点集合也是不可或缺的。因此，我们才要在经典 STIT 的基础上将其基础扩展为分支时空逻辑以便于容纳地点参数。

（三）分支时空理论基础上的双时间参数

Belnap［2002］将以言行事行为的形式化表达式最终定义为一个五元组〈α_1，α_2，m_0，H，A〉。其之所以会在论文中给出如上所述的形式刻画方法，即将以言行事行为的形式化表达式由 Speech-act（t_1，t_2，

'A'）修改为如上所述的五元组是为了在以言行事行为的形式化刻画中体现以言行事行为的结果部分，强调行动者的行动对客观世界产生的影响以及对行动者自身未来的限制。但是在将分支时间逻辑修正为分支时空逻辑之后，我们就没有必要再做这样的修改了。这是因为分支时空逻辑基础上的STIT理论将行动或者选择都形式化为一个过渡，虽然对过渡中初始事件与结果事件的要求各有不同，但是在对行动或者选择的刻画中却都体现出了行动者的行动或者选择对结果或者客观世界的影响，因此在这种基础上构建的以言行事行为理论已包含行动的结果部分，而无需再加以强调。所以，这里我们也将不再使用Belnap所给出的五元组 $<\alpha_1, \alpha_2, m_0, H, A>$ 来表示以言行事行为，反而会继续沿用Speech-act（t_1，t_2，'A'）这一形式化表达式。

然而，这一形式化表达式却忽略了言语行为与以言行事行为之间的区别。按照Searle和Vanderveken的理论，言语行为由发话行为、命题行为、以言行事行为和以言取效行为四部分构成。虽然在如上的这四个部分当中以言行事行为最为重要，甚至成为独立的研究方向，但是相较于言语行为而言，其无论构成要素还是语义解释都较为简单，正因如此，Speech-act（t_1，t_2，'A'）这一表达式将被修改为Illocutionary-act（t_1，t_2，'A'）。在此基础上，以言行事行为的成功条件和满足条件将被定义如下：

定义 4.10 如果令 t_1 为说话者变项，t_2 为听话者变项，A为被说出的命题，那么对于任一成功的以言行事行为Illocutionary-act（t_1，t_2，'A'），其语义解释可被定义如下：

M_{BST}，a_1，a_2，E_c，$E_0/h \models$ Illocutionary-act（t_1，t_2，'A'），当且仅当 M_{BST}，a_1，a_2，E_c，$E_0/h \models [\{t_1, t_2\}]^d$Illocutionary-act（$t_1$，$t_2$，'A'）

其中，M_{BST}为分支时空逻辑的模型，a_1 表示一说话者集合，a_2 表示一听话者集合，E_c 表示语境所处事件点的集合，E_0 表示话语被说出的事件点的集合，h 为一支历史，且 $E_0 \subset h$。

由这一定义可得，Illocutionary-act（t_1，t_2，‘A’）的真值是由行动者集合｛t_1，t_2｝的一个共同选择所确定的，而为了强调这一点我们还需要作如下的规定：

规定 4.11　在参数序列 M_{BST}，a_1，a_2，E_c，E_0/h 下，对于任意以言行事行为 Illocutionary-act（t_1，t_2，‘A’）而言，M_{BST}，a_1，a_2，E_c，$E_0/h \models$ Illocutionary-act（t_1，t_2，‘A’）→（$E_c \cap t_1 \neq \emptyset \wedge E_c \cap t_2 \neq \emptyset \wedge E_c \subset t_1 \cup t_2$）。

定义 4.12　如果令 t_1 为说话者变项，t_2 为听话者变项，A 表示被说出的命题，那么对于任一以言行事行为 Illocutionary-act（t_1，t_2，‘A’）其被满足，当且仅当如下的条件被满足：

M_{BST}，a_1，a_2，E_c，$E/h \models A$，当且仅当 $\forall h'$（$h' \equiv_e h \rightarrow M_{BST}$，$a_1$，$a_2$，$E_c$，$E_0/h' \models A \wedge E_0 \cap t_1 \neq \emptyset \wedge E_0 \cap t_2 \neq \emptyset \wedge E_0 \subset$（$t_1 \cup t_2$））

其中，M_{BST}为分支时空逻辑的模型，a_1 表示一说话者集合，a_1 表示听话者集合，E_0 表示话语被说出的事件点的集合，E 为由评价事件点构成的集合，h 为一支历史，且 $E \subset h$。

Belnap 在分支时空逻辑中避免对时态（如现在、过去、未来等）的使用，而是用不同事件点之间的时间先后关系（可用“<”或者“≤”刻画）表示事件点之间的时间先后顺序。但是因为对时态的使用在日常生活中特别是在以言行事行为中极为普遍，所以这种对时态的避免必然会对以言行事行为的刻画造成一定的影响。之所以会出现这种情况，是因为人们在日常生活中往往忽略了时间相对性这一问题，而是将时间大而化之为一种普遍的概念。要解决这一问题我们可以引

入惯性参考系这一参数，以将时间的相对性刻画出来，并利用不同惯性参考系之间的可转换关系说明相对化的时间之间存在可相互转换的方法。

上述想法正是Müller在其2005年发表的论文"On the Problem of Defining the Present in Special Relativity：A Challenge for Tense Logic"中阐述出来的。其在论文中提出了在狭义相对论基础上刻画相对化的"现在"（present）的方法。

按照A. Prior的时间逻辑理论，在"过去""现在""未来"这三个时态中，"现在"这一时态最为重要，也是一种本体论上的存在。以此为基础，就能定义出"过去"和"未来"。因此如果要在分支时空逻辑中定义不同的时态，特别是"现在"，只要引入新的参数，以使得对时态的定义得到相对化即可。而且由于不同惯性参考系之间可以使用洛伦兹变换（Lorentz transformation）来刻画其间的联系，因此在某一惯性参照系中对"现在"的定义，不但能够刻画相对于该惯性参考系的时态，而且能够使用洛伦兹变换将该时态转变为其他参考系中的时态。

为了在分支时空逻辑中刻画惯性参考系以及惯性参考系之间的（洛伦兹）变换，Müller做了如下的工作：

（1）引入惯性参考系这一参数，即"f"，以确定命题，特别是被添加时态算子的命题的真值；

（2）引入算子"L"以表示惯性参考系之间的变换。

相较于分支时空逻辑的模型M_{BST}而言，引入惯性参考系之后的分支时空逻辑模型M_{BST+IF}中需要增加集合IF且该集合需满足下列条件：

（1）集合IF中的元素是不同的惯性参考系，如果用"f"表示某一惯性参考系的话，那么$f \in IF$。

（2）集合IF具有稠密性。即对于集合IF中的任意惯性参考系f而言，如果该惯性参考系 f 可转变为另一惯性参考系 f′，那么就会存在一个不同于 f 以及 f′惯性参考系的 f″，且通过洛伦兹转换，f 可变换为 f″，f″可变换为 f′。

定义 4.13 对于增加了惯性参考系参数的模型 M_{BST+IF}而言，其是一个三元组〈F_{BST}，IF，v〉，其中 F_{BST}是分支时空逻辑的框架，即二元组〈OW，R〉，集合 IF 是所有惯性参考系的集合，v 则是赋值函数。

对于任意公式 A 而言，其在模型 M_{BST+IF}中以及参数序列（说话者集合 a_1、听话者集合 a_2、话语情景事件 e_c、评价事件点 e、评价历史 h、惯性参考系 f）下的被满足（或为真）可被简单定义如下：

M_{BST}，a_1，a_2，e_c，e/h，f $\models$ A 且 A 为一原子公式，当且仅当 a_1，a_2，e_c，e/h，f $\in$ v（A）

M_{BST}，a_1，a_2，e_c，e/h，f $\models\neg$ A，当且仅当 并非 M_{BST}，a_1，a_2，e_c，e/h，f $\models$ A

M_{BST}，a_1，a_2，e_c，e/h，f $\models$ A $\wedge$ B，当且仅当 M_{BST}，a_1，a_2，e_c，e/h，f $\models$ A 且 M_{BST}，a_1，a_2，e_c，e/h，f $\models$ B

在该定义中，并没有要求事件点 e 和 e_c 必须要位于惯性参考系 f 中，这是因为由于洛伦兹转换的存在，不同参考系之间必然存在可计算出的变换。因此，无论事件点 e 和 e_c 是否位于该惯性参考系 f 中，都可使用该参考系 f 作为语义赋值的参数。就惯性参考系之间的变换而言，Müller 则引入新的算子“L”表示“通过洛伦兹变换转变为”。而某一惯性参考系 f 可通过洛伦兹变换转变为另一惯性参考系 f′，就可表示为“Lff′”。

定义 4.14 对于任意公式 LA 而言，其在模型 M_{BST+IF}中以及参数序列（说话者集合 a_1、听话者集合 a_2、话语情景事件 e_c、评价事件点 e、评价历史 h、惯性参考系 f）下被满足（或者为真）当且仅当下面的条件被满足：

M_{BST+IF}，a_1，a_2，e_c，e/h，f $\models$ LA 当且仅当 $\exists f'$（M_{BST+IF}，a_1，a_2，e_c，e/h，$f' \models A \wedge f \neq f' \wedge f' \in IF$）

为了便于讨论可变换关系“L”的性质，Müller还使用了庞加莱群的概念，认为所有的变换关系“L”都是该群中的一个元素，而利用庞加莱群中运算所应具有的性质，就可以表示变换关系“L”之间的关系和运算。

因此，如果使用上述定义的模型 M_{BST+IF} 作为以言行事行为的模型，那么对于任一以言行事行为 Illocutionary-act（t_1，t_2，‘A’），其成功和满足条件可被分别定义如下：

定义 4.15　如果令 a_1 为说话者集合、a_2 为听话者集合、E_c 为由语境事件点构成的集合，E_0 为由表示话语被说出的事件点所构成的集合、h 为一支历史且 $E_0 \subset h$、f 为一任意惯性参考系，那么以言行事行为 Illocutionary-act（t_1，t_2，‘A’）是成功的以言行事行为，即 M_{BST+IF}，a_1，a_2，E_c，E_0/h，f $\models$ Illocutionary-act（t_1，t_2，‘A’），当且仅当 M_{BST+IF}，a_1，a_2，E_c，E_0/h，f $\models [\{t_1, t_2\}]^d$ Illocutionary-act（t_1，t_2，‘A’）。

定义 4.16　如果令 a_1 为说话者集合、a_2 为听话者集合、E_0 为由表示话语被说出的事件点所构成的集合、E 为由评价事件点所构成的集合、h 为一支历史且 $E \subset h$、f 为一任意惯性参考系，那么以言行事行为 Illocutionary-act（t_1，t_2，‘A’）是被满足的以言行事行为，当且仅当下面的条件被满足：

M_{BST+IF}，a_1，a_2，E_0，E/h，f $\models$ A，当且仅当 $\forall h'$（$h' \equiv_e h \rightarrow M_{BST+IF}$，$a_1$，$a_2$，$E_0$，$E_0/h'$，f $\models A \wedge E \cap t_1 \neq \emptyset \wedge E \cap t_1 \neq \emptyset \wedge E \subset (t_1 \cup t_2)$）

贾青［2011］不但给出了分支时空理论基础上的双时间参数理论，

还给出了该理论的一些应用，例如将理论细化到具体的以言行事行为的刻画中去，给出了承诺式以言行事行为的逻辑刻画；甚至进一步刻画了以言行事行为的互动过程；利用该理论刻画了行动理论中的经典问题，本能为它（could have done otherwise）的逻辑刻画。

二　STIT 逻辑在道义逻辑中的应用[①]

道义逻辑（deontic logic）既可被用于推理规范性的事态，也可被用于推理规范的或者现实的行动。第一种道义逻辑所刻画的应是语句（ought-to-be sentences），第二种道义逻辑所刻画的则是应做语句（ought-to-do sentences）。对于这两类语句之间存在何种联系以及如何刻画的问题一直是道义逻辑的重要研究方向。本小节中，在简单梳理几种主要理论的基础上，我们将说明这两类语句之间的关联性在一定程度上是可被 STIT 逻辑所刻画的。

（一）道义逻辑的两个分支

道义逻辑是研究规范性概念、规范性推理进而构建形式化规范系统的一个逻辑分支。如果认为道义逻辑属于广义模态逻辑，那么真势模态逻辑（alethic modal logic）的方法研究就会被用于刻画“应该”（obligation）、“允许”（permission）或者“禁止”（prohibition）等规范概念。道义逻辑这一分支遵循 G. H. von Wright 的理论，认为规范算子和真势模态算子之间存在相似性，正因如此，其才会使用“道义算子 + 陈述句”的方式来表示规范性语句，即如果用 O 表示“应该”，P 表示

① 本节内容已发表，参见贾青、贾志海《应是与应做》，《燕山大学学报》2017 年第 6 期。

“允许”，F表示“禁止”，A表示任意的陈述句，那么OA、PA、FA等就是规范性语句的形式表达式。

由于语言中一般使用祈使句而不是陈述句表示行动，而上述的这类道义逻辑仅将规范算子添加在陈述句的前面，所以就导致了这类道义逻辑无法刻画规范性行动的问题。也就是说，上述的道义逻辑只能处理像“数理逻辑闭卷考试是应该的。”这种具有形式“道义算子+陈述句”的语句，但是像“应该先按开机键开启电脑”、“禁止游泳”等语句却无法被上述道义逻辑所刻画。因此如果将上文中的道义逻辑称为（刻画）应是的道义逻辑，那么要刻画规范性行动就需要（刻画）应做的道义逻辑。如果用O*表示“应该”、P*表示“允许”、F*表示“禁止”、A表示任意的行动，那么OA、PA、FA等就是规范性行动的形式表达式。

应是的道义逻辑可以被用于分析法律或者伦理条文间的推理关系，而应做的道义逻辑则可以被用来设计一些计算机编程系统，如错误容忍系统（fault-tolerant systems）等。这两类道义逻辑都有其自身的应用或者研究领域，但是在其应用或者研究领域有交叉的时候就会产生应是与应做是否存在联系，以及如果存在联系的话应如何刻画的问题。

（二）已有理论及其问题

H. -N. Castañeda曾指出应是的道义逻辑中规范算子是命题模态算子。这类道义逻辑中的规范性陈述包含事态（states of affairs）、不涉及祈使句，而且无主事性（agentless）；而应做的道义逻辑中规范算子则是行动模态算子，并且其规范性陈述中涉及行动者、行动以及表示行动的祈使句等因素。因此应是语句与应做语句确是不同的，但对于这两者之间具有何种关联性这一问题而言，则存在很多不同的回答，总的来说有以下三种。

梅农—齐硕姆方案（Meinong-Chisholm approach）认为我们应将应是语句等价于应做语句，即对于任意陈述句 A，A 是应该的，当且仅当应该做 A。这一方案提出以来遭到了很多学者的反对。例如 Horty 就利用“赌博问题”（gambling problem）说明应是语句与应做语句之间的等价性是不成立的，即这一等价式中从右到左的蕴涵是不成立的。

另一种观点认为应是可被规约为应做。P. D'Altan、J. –J. Ch. Meyer 和 R. J. Wieringa 在动态命题逻辑 PDL 的基础上给出了几种主要规约方案的形式刻画。如果令α表示任意行动，[α] A 表示在执行行动α后，A 成立，那么 OA（A 是应该的）可有如下的四种定义方式：

$OA =_{df}$存在一个行动α，使得 [α] A 并且 $O^*\alpha$，即事态 A 是应该的，当且仅当存在一个应做行动α且执行行动α后，A 成立。

$OA =_{df}$对于所有的行动α，如果 [α] A，那么 $O^*\alpha$，即事态 A 是应该的，当且仅当使得 A 成立的所有行动α都是应做的行动。

$OA =_{df}$对于所有的行动α，如果 [α] ¬A，那么 $F^*\alpha$，即事态 A 是应该的，当且仅当如果执行行动α后，A 不成立，那么行动α就要被禁止。

$OA =_{df}$对于所有的行动α，如果α导致了 A，那么 $O^*\alpha$，即事态 A 是应该的，当且仅当所有那些导致 A 成立的行动都是应做的行动。要注意的是，这里的“导致”（bring it about）应被理解为一个刻画行动的二元连接词，与第二种定义中的“使得 A 成立的”并不相同。

这四种定义方式都存在各自的问题。例如，如果将 OA 定义为存在一个行动α，使得 [α] A 并且 $O^*\alpha$，那就说明离开使得事态 A 成立的行动，我们就无法说该事态是应该的，而这明显是不合直观的，因为像“世界和平是应该的”这种事态显然是很难用某一行动使其成立的；而如果将 OA 定义为对于所有的行动α，如果［α］A，那么 $O^*\alpha$，这种情况下又会出现当不存在我们所需要的行动α时，该蕴涵式空洞成立的问题。而对于最后两个定义，由于存在那些没有任何行动会导致¬A 的情形存在，所以其从右到左的蕴涵也都是不合直观的。

最后一种观点认为应是与应做都能被规约为真势模态词。在这一说法中，主要使用的方法是由 A. R. Anderson 和 O. K. Moore 所给出的将规范概念规约为真势模态词的方法，即引入一个特殊的原子公式 V，V 可被理解为一个常项以表示有人受到惩罚或者发生不好的事情。这样定义之后，OA 就可被定义为□(¬A→V)，即所谓的事态 A 是应该的，就是指如果 A 不成立，那么就会有人受到惩罚或者发生不好的事情，这是必然的。

在 STIT 逻辑的基础上，行动被刻画为行动者与事件或者事态之间的二元关系，如果用 stit 表示这一二元关系，那么任意的行动可被表示为［α］A，即行动者α的行动导致 A 成立。因此，O^*［α］A 就可被定义为□(¬［α］A→V)，即不做行动［α］A 就会有人受到惩罚或者发生不好的事情，这是必然的；而在动态命题逻辑 PDL 的基础上，$O^*\alpha$ 则可被定义为［~α］V，即不做α就会有人受到惩罚或者发生不好的事情。

无论是以 stit 逻辑为基础构建的方案还是以动态命题逻辑 PDL 为基础构建的方案，都存在规约之后应是与应做的联系刻画不直观，容易成为一种简单的合并系统，即分别将刻画应是和应做的公理和规则放置在一个系统中，但却不给出沟通规则，以至于无法看清应是与应做之间的联系。

（三）STIT 逻辑对应是与应做的刻画

为了避免上文中提到的问题，我们将给出一个利用 STIT 逻辑中的

dstit 算子来刻画应是与应做之间关联性的形式化方案。

“stit” 是英文 “see to it that” 的缩写，可译为 “确定、确保”。在 stit 逻辑中，stit 被用作一个连接行动者和（陈述事态的）语句间的二元算子。如果令α表示任一行动者，A 表示任一语句，那么［α］A 就表示行动者α所作出的，确保 A 为真的那个行动。例如，“王磊关窗户”这一行动就可被表示为：［王磊 stit：窗户是关闭的］。

在行动逻辑中，行动者与语句之间的二元关系又被称为主事性，因此，stit 逻辑又被称为主事性的逻辑。对主事性这一二元关系的不同理解就对应着 stit 逻辑中的不同算子（如 astit、dstit、cstit 等）以及与这些算子对应的语义解释。N. Belnap、M. Perloff 和 M. Xu 曾利用 dstit 算子给出了一个刻画多行动者行动及选择的系统 Ldm。这里，我们将在 Ldm 的基础上给出刻画应是与应做之间关联性的形式化方案。

Ldm 的语言中包含命题变项 p，q，…，行动者项α_1，α_2，…，等词 =，真值连接词¬，∧，历史必然算子 Sett：以及 dstit 算子［］^{d}。Ldm 的语言中，语句的构成方式如常，此外还包含如下两种特例：（1）对于任意行动者项α_1，α_2，$\alpha_1=\alpha_2$是一个语句；（2）对于任意行动者项α以及任意语句 A，$[\alpha]^d A$ 是一个语句。其他连接词和算子的引入方式如常。

由于我们所构建的形式方案仅涉及单个行动者的行动或者选择，所以与 Ldm 的语言相比，我们需要的语言仅有一个行动者项α且 dstit 算子［］^{d} 也被变为单行动者算子$[\alpha]^d$，任何具有形式$[\alpha]^d A$ 的句子都被称为 dstit 语句。除此之外，还要增加常项 V 以表示会有人受到惩罚或者发生不好的事。

一般情况下，添加在陈述语句前面的道义算子与添加在行动前面的道义算子应该区别使用，但是此处却不必如此，这是因为一个 dstit 语句既是一个陈述句又是一个祈使句，而这就导致 dstit 语句能被嵌入任何一个陈述句或者祈使句能被嵌入的位置，所以对任意的语句 A 或者任意的 dstit 语句 $[\alpha]^{d}A$，其前面都可添加一样的道义算子。

按照 Anderson 和 Moore 所给出的规约方法，对于任意的语句 A，OA 可被定义如下：

$$OA =_{df} \Box(\neg A \to V)$$

对于任意的 dstit 语句 $[\alpha]^{d}A$，$O[\alpha]^{d}A$ 可被定义如下：

$$O[\alpha]^{d}A =_{df} Sett:(\neg[\alpha]^{d}A \to V)$$

也就是说，应做行动 $[\alpha]^{d}A$ 即行动 $[\alpha]^{d}A$ 不为真就会有人受到惩罚或者发生不好的事，这是必然的。

系统 Ldm 的框架是一个 BT + AC 结构，即四元组 < Tree，≤，Agent，Choice >，其中 Tree 是由时间点构成的非空集，Tree 中的每一个极大支就被称为一支历史 h。对于任意的时间点 m，穿过 m 的历史被表示为 h_m，而穿过 m 的所有历史构成的集合就是 H_m；≤是 Tree 上的偏序关系且满足树状性（对于任意的时间点 m_1，m_2 和 m_3，$m_1 \leq m_3$ 且 $m_2 \leq m_3 \to m_1 \leq m_2$ 或 $m_2 \leq m_1$）；集合 Agent = {α}；对于行动者α以及任意的时间点 m，$Choice_m$是一个从α和 m 到 H_m的一个划分的映射，而对于任意的历史 h，$Choice_m$（h）就表示划分 $Choice_m$中包含历史 h 的那个部分。

这里，我们所需要的框架则是一个 BT + AC + Opt 结构，即五元组 < Tree，≤，Agent，Choice，Opt >，其中四元组 < Tree，≤，Agent，Choice > 是系统 Ldm 的框架，Opt 是 Tree 中所有历史构成集合的一个真子集，表示所有那些不会受到惩罚且不会有不好事情发生的历史。因此，我们的模型是一个六元组 < Tree，≤，Agent，Choice，Opt，v >，其中 < Tree，≤，Agent，Choice，Opt > 是 Ldm 的框架，v 是一个从原子公式到 m/h 的映射且 v 可被扩充成如下的满足关系 ⊨：

如果令 M = <Tree，≤，Agent，Choice，Opt，v>，那么

（1）对于任意的原子公式 A，M，m/h ⊨ A，当且仅当 m/h ∈ v（A）；

（2）M，m/h ⊨¬A，当且仅当并非 M，m/h ⊨ A；

（3）M，m/h ⊨ A ∧B，当且仅当 M，m/h ⊨ A 并且 M，m/h ⊨ B；

（4）M，m/h ⊨ Sett：A，当且仅当对于所有的 h_1，如果 $h_1 \in H_m$，那么 M，m/h_1 ⊨ A

（5）M，m/h ⊨ V，当且仅当并非 h ∈ Opt；

（6）M，m/h ⊨ $[\alpha]^d$A，当且仅当（i）对于所有的 h_1，如果 $h_1 \in Choice_m$（h），那么 M，m/h_1 ⊨ A（ii）存在历史 h_2 使得 $h_2 \in H_m$ 且 M，m/h_2 ⊨¬A；

（7）M，m/h ⊨ $[\alpha]^c$A，当且仅当 M，m/h ⊨ $[\alpha]^d$A 或者 M，m/h ⊨ Sett：A。

由上述语义定义可得：

$[\alpha]^c A =_{df} [\alpha]^d A \vee Sett: A$ 且 $[\alpha]^d A =_{df} [\alpha]^c A \wedge \neg Sett: A$

在这一语义下，真势模态公理 K，T，4，D，E，Ldm 中涉及单个行动者的公理都是有效的。除此之外，如下的道义模态公理也是有效的：

O1：OA，如果 A 是系统中任意公理模式的特例

O2：O（A →B）→（OA→OB）

O3：OA →OOA

O4：OA ∧OB → O（A ∧B）

O5：O（OA→A）

O6：OA→¬O ¬A

O7：OA →O $[\alpha]^{c}$A

O8：Sett：¬A →O ¬A

推导规则：

MP：从 A 和 A →B 可得到 B

RN：从 A 可得到 Sett：A

正如上文所述，一个 dstit 语句既是一个陈述句又是一个祈使句，因此上述公理中，将 A 和 B 分别替换为 $[\alpha]^{d}$A 和 $[\alpha]^{d}$B 以及 $[\alpha]^{c}$A 和 $[\alpha]^{c}$B 结论仍然成立。另外，这一公理系统的可靠性和完全性由系统 Ldm 的可靠性和完全性可得。

在上述公理中，公理 O7（OA →O $[\alpha]^{c}$A）可以被看作应是语句与应做语句之间的沟通公理，其直观意思：如果 A 是应该的，那么做 A 就是应该的。依据该公理可知，应是语句蕴涵应做语句，但是在我们所给出的语义下，应做语句并不蕴涵应是语句，即 O $[\alpha]^{c}$A →OA 不成立，因此将应是语句与应做语句之间的关系理解为等价关系的梅农—齐硕姆方案也就不会成立。

对于 D'Altan、Meyer 和 Wieringa 所给出的 OA 的四种定义，前三种都存在一定的不合直观的问题，而第四种定义中，从左到右的蕴涵直观上是有效的，但是从右到左的蕴涵则不成立。在我们所给出的 STIT 方案中，"导致了"这一连接行动者和事件的二元关系被定义为 dstit 或者 cstit 算子，而且在这种定义下第四种定义的命题版本，即从左到右的蕴涵是有效的，但从右到左的蕴涵则不成立。

（四）未来的工作

D'Altan、Meyer 和 Wieringa 所给出的应是与应做的整合系统中，刻画应是的公理和刻画应做的公理都被给出，但却没有给出沟通应是与应做的规则，以至于无法看清应是与应做之间的联系。再加之该系统使用了 Anderson 和 Moore 所给出的规约方法，因此规约之后应是与应做的联系刻画更不直观。然而，我们使用 STIT 逻辑所给出的方案中，由于沟通公理的添加解决了上述问题，所以应是与应做之间的联系更为清晰可见。另外，Anderson 和 Moore 的规约方法还使得我们可以借助真势模态逻辑中的技术手段来证明公理系统的可靠性和完全性。

本书中并未对常项 V 做更为细致的区分，而这也导致了我们暂时无法对“受到的惩罚或者发生的不好的事”的轻重进行区分，以便于刻画避重就轻等处事原则。另外，由于受到惩罚的对象并不一定是施事者本人，因此如何在已有工作基础上区分行动的实施者和行动后果的承受者就是值得进一步研究的问题。

结　　语

STIT 逻辑是一种主事性的逻辑、一种刻画行动的逻辑。作为一种行动逻辑，STIT 逻辑从行动为何这一问题出发，在行动是一类具有主事性的事件这一基本观点的基础上，将行动刻画为［α］A 这一形式表达式。除了句法上给出 stit 语句以便于刻画行动外，在语义上 STIT 逻辑还从不同的评价时间点出发来刻画主事性，即由于某一行动者的行动导致了某一结果为真的这一事件可以从不同的时间点上来进行刻画。如果从结果事件发生之后的时间点来评判，那就是 astit 算子语义所要做的事情；如果从行动发生的当下时间点来评判，那就是 dstit 算子语义所要做的事情。在 dstit 算子的基础上，如果想要将 STIT 逻辑的语义修正为向模态逻辑更为靠近的语义，那就是 cstit 算子的语义所要做的事情。简单来说，经典的 STIT 逻辑在形式化上的主要内容就是这些。

随着经典 STIT 逻辑中主要技术工作的确立，学者们开始尝试改进或者修正 STIT 逻辑中的一些基本假定或者内容。STIT 逻辑学者以及其他的行动逻辑（如 PDL）研究学者也开始探讨其他行动逻辑与 STIT 逻辑之间的关系和区别的问题，以期为 STIT 逻辑对行动的精细化刻画或者应用提供助力。

如上这些内容就构成了本书的主要内容。由于作者本人在材料收集以及学习经历等方面的限制，必然使得这种介绍是不全面的，希望大家谅解。如果本书能够成为很多学者对 STIT 逻辑认识或者感兴趣的开始，那么本书的目的就算是达到了。

附录1　以言行事行为理论简介*

以言行事行为[①]是言语行为的构成部分之一，指那些在说话过程中所完成的行为，因其在言语行为构成中所起的重要作用而逐渐发展成为较独立的研究领域。以言行事行为理论的发展主要经历了如下三个阶段：

（1）以言行事行为理论的初创阶段

这一阶段主要的工作是由Austin做的。Austin于20世纪30—40年代创立了言语行为理论，其从行动理论的角度研究日常话语，提出“说话就是做事”的基本思想并初步区分了言语行为的三个不同构成部分，即区分了以言表意行为（locutionary act）、以言行事行为和以言取效行为（perlocutionary act）三部分。Austin认为以言行事行为是言语行为三部分中最重要的一部分，其在*How to do Things with Words*一书中使用了大量的篇幅，通过阐述以言行事行为与其他言语行为构成部分之

---

* 本节内容出自贾青《主事性在以言行事行为中的逻辑刻画》，博士学位论文，中国人民大学哲学院，2011年。

① 虽然对于行动与行为的区分现今学界仍有很多争论，对“illocutionary acts”应被翻译为“以言行事行为”还是“以言行事行动”学界也没有确定的说法，但是为了顺承以往学者的译文以及方便读者的阅读，这里，“illocutionary acts”仍将被翻译为“以言行事行为”，而“speech acts”也会被译为“言语行为”。

间的区别，说明以言行事行为的特点和重要性。

（2）以言行事行为理论的发展阶段

在这一阶段，Searle 将 Austin 的言语行为三分法改变为四分法。其不但继续强调以言行事行为的重要性，更认为以言行事行为由语力（F）和命题内容（P）[①] 两部分构成，通过对语力因素的划分就可以区别不同种类的以言行事行为。除此之外，Searle 还通过对“许诺”这种以言行事行为的分析，用举例的方法初步说明了构成以言行事行为的充要条件。

（3）以言行事行为理论的完善阶段

由于以言行事行为在言语行为中的重要性，更多的学者开始专注于以言行事行为的研究，而语力因素又是以言行事行为的重要构成部分，因此对语力因素的研究就成为以言行事行为研究中的重要方面。如 Searle 和 Vanderveken 就进一步细化了 Searle 早期对语力因素的划分，并通过对语力因素的形式化表达，构建了以言行事行为的逻辑系统。

一　以言行事行为理论的初创阶段

20 世纪 20—50 年代，逻辑经验主义盛行，该理论拒斥形而上学，主张语句的意义在于语句的经验可验证性。经经验验证符合客观世界真实状况的语句就为真，而不符合客观世界真实状况的语句则为假。因此只有记述式陈述句（记述客观世界的陈述句）才被认为属于意义理论的研究范畴。而其他的语句类型如感叹句、祈使句以及包含价值

① Searle 早期理论中的命题内容部分是由“p”表示的，以表示被说话者说出的话语。但是 Searle 后期开始使用“P”表示命题内容，Vanderveken 也继承了 Searle 后期的这一表达方法，因此，为了符号的统一，这里将统一使用“P”来表示命题内容。

判断或者伦理判断的陈述句等则被排除在意义理论研究的范围之外。

出于对这种意义理论的不满，Austin 指出记述式陈述句并不是单纯的非真即假。如“我把这艘船命名为伊丽莎白女王号。”这一陈述句的意义就不是单纯的或真或假，因为有可能命名者并不是船的主人因而不具有为船命名的权利。这种状况下这一语句就无所谓真假，因为命名者对船命名的行为本身就是不恰当的。

Austin 认为之所以会出现这种状况是因为说话本身也是一种行动，其不但有真假的区分还有恰当与否的区分。正如上面的例子中，“我把这艘船命名为伊丽莎白女王号。”这一陈述句不但涉及是否真实描述客观事件的问题，即陈述句真假的问题，还涉及命名这一行动是否恰当的问题。所以说“说话就是做事”，就算是记述客观世界的陈述句也是在履行记述或者描画客观世界的这一行动。

从这一观点出发，20 世纪 30—40 年代，Austin 提出了言语行为理论，认为当我们说出任一陈述句、疑问句、感叹句或者其他句型的语句时，实际上都是在分别履行记述客观世界、发出疑问、表达感叹等行动。为了更精确地说明什么是言语行为，Austin 提出了言语行为三分法，以说明言语行为的构成部分。其将言语行为分为以言表意行为、以言行事行为和以言取效行为三部分。

其中以言表意行为是指如何说话以恰当表意的行为，该行为包含如下三个部分：

（1）发音行为（phonetic acts），发出声音的行为；

（2）措辞行为（phatic acts），使得发出的声音是符合某种语言的构词法或者语法构造的语词的行为；

（3）表意行为（rhetic acts），使得发出的词具有意义和所指的行为。

以言行事行为则是指我们在说话的过程中所完成的行为。如在我说出“我向你许诺，明天帮你借书。”这一话语的同时，也完成了许诺的行为。以言行事行为中都包含某种意图或者力量，这种意图或者力量就被称为语力因素。Austin 列举了五个可以表征不同语力因素的言语行为动词，分别是断定词（verdictives）、行使词（exercitives）、承诺词（commissives）、行为词（behabitives）和阐述词（expositives）。按照他的分类，上面的例子，即“我向你许诺，明天帮你借书。”这一话语就包含了表征承诺这种语力因素的承诺词“许诺”。

言语行为中的以言取效行为是指那些通过说话来实践的行为，即说话者所说出的话语对听话者、其自身或者其他人所产生的影响或者作用，这种影响或者作用既包含思想上的也包含行动上的以及感情上的。Austin 分别使用“to say something is to do something”、“in saying something we do something”、“by saying something we do something”来表示以言表意行为、以言行事行为以及以言取效行为三者之间的区别。言语行为的这三个构成部分之间并没有前后的顺序之分，这种区分并不是针对不同的话语所做的分类，如上的这三个构成部分是在说出某一话语时同时完成的，因此可以认为是一种按照交流进程进行逻辑分析而得到的结果。

Austin 作为言语行为理论的创始人，确立了“说话就是做事”这一言语行为理论的基本论调，并在阐述言语行为三部分之间区别和联系的过程中说明了以言行事行为的重要性。经其总结，以言行事行为主要有以下几个特点：

（1）以言行事行为与言语行为一样不但有恰当与否的问题还有真假与否的问题。

如上例中“我把这艘船命名为伊丽莎白女王号。”这一话语，当说话者说出这一话语时，其就完成了一个以言行事行为，而如果说话者是这艘船的主人，那么其作出的这一以言行事行为就是恰当的；反之则是不恰当的。而如果一个恰当的命名者确实把这艘船命名为伊丽莎白女王号，那么说话者通过语句“我把这艘船命名为伊丽莎白女王号。”所完成的以言行事行为就是真的，反之则是假的。因此在某种特定情境中被履行的以言行事行为既有恰当与否的问题也有真假的问题。

（2）以言行事行为的核心是语力因素。

Austin认为语力因素是以言行事行为中最重要的因素，因为语力因素的不同会导致以言行事行为的不同。如“我请求你帮我借书。”这一以言行事行为所包含的就是进行求助的这种意图，而“我命令你帮我借书。”则包含的是发出命令的这种意图，很显然这是两种不同的以言行事行为。

（3）以言行事行为本身也会产生某种对他人的影响或者作用，但这种影响或者作用与以言取效行为不同。

以言行事行为对说话者、听话者或者第三人也会产生一定的影响或者作用。还是以“我把这艘船命名为伊丽莎白女王号。”这一话语为例，当说话者说出这一话语、作出命名这一以言行事行为时，至少听话者能感到说话者当下有为船命名的意向，这也是一种对听话者思想的影响。而以言取效行为则更强调作出命名这一行动后，听话者思想的改变而不仅仅是受到某种影响，即要求听话者头脑中产生了“这艘船的名字是伊丽莎白女王号”的这一新思想。

（4）以言行事行为的履行是在说话中完成的，且要符合社会惯例。

以言行事行为是在说话中完成的，其既不是说话这一行为本身，也不是通过说话履行的行为，这是以言行事行为与其他两部分的区别之一。除此之外，以言行事行为的履行还是要符合当下的社会惯例、风俗习惯。正如 Austin 所述，没有牧师会对一条狗进行洗礼，因为按照社会惯例洗礼应该是对人进行的。Austin 认为言语行为是人类交流、沟通的最小单位，言语行为的作出则是为了达到沟通思想、传递信息、更新信念系统等目的。其中以言表意行为的作出就是为了使说话者能够合乎社会规范地将信息传递出去，而以言取效行为是否被完成则是衡量言语行为是否达到其目的的标准。这两者之间的桥梁就是以言行事行为，而以言行事行为也是最能体现言语行为理论“说话就是做事”这一基本思想的。因此，随着言语行为理论的不断发展，以言行事行为的地位才会逐渐突显出来，进而形成较独立的研究领域。

二 以言行事行为理论的发展阶段

虽然已经注意到以言行事行为在言语行为理论中的重要性，但 Austin 对以言行事行为的研究却主要是列举式的，缺乏系统的论述。例如，其对言语行为词所进行的分类就缺少严格的标准。因此 Searle 将 Austin 对以言行事行为的论述进行了进一步的修改和说明，并初步创立了以言行事行为的理论体系。

Austin 对以言行事行为的论述，主要体现在其对言语行为三部分之间的区别和联系进行说明的基础上，其提出以言行事行为既有真假的问题也有恰当与否的问题。但是 Austin 并没有给出造成以言行事行为具有这一特点的原因。针对这一问题，Searle 明确指出，以言行事行为之所以具有这一特点是因为其包含命题内容和语力因素两部分，如果用 P 表示命题内容，用 F 表示语力因素，那么以言行事行为可形式化为：F（P）[①]。因此对于

① 那种不带命题内容因素的以言行事行为不在研究范围内，如“啊”和“喔”等这些以言行事行为。

某一以言行事行为F（P）而言，不但需要研究其命题内容是否为真的问题，还需要研究其语力使用是否恰当的问题。

与Austin相同，Searle也认为语力是以言行事行为的核心部分，但Searle对语力的界定却与Austin不同。Austin认为语句的字面意思与语力有根本的区别，即认为字面意思不带有说话者的意图性，因此表意行为才被归类为以言表意行为的一部分。但Searle则认为语力或者字面意思只是从不同的角度来研究语句的意义这同一个对象而已，可以认为是同一问题的两个方面。所以，表意行为应该被归类为以言行事行为。也正因如此Searle将Austin的言语行为三分法改变为四分法，即将言语行为区分为发话行为（utterance acts）、命题行为（propositional acts）、以言行事行为和以言取效行为四部分。

针对以言行事行为的分类，Austin所提出的五类并不是针对以言行事行为本身所进行的分类，而是对言语行为词的分类，而且其分类并不是建立在一个严格的区分标准之上的。建立在对语力因素重新界定的基础上，Searle认为可以通过对语力因素F的区分以区别不同的以言行事行为，因此Searle提出了新的以言行事行为分类方法，将对以言行事行为的分类建立在如下语力分类标准的基础上。

（1）行为目的上的差别

每一包含意图性或者意向性的行为的作出都是为了达到某种目的，以言行事行为作为一种特殊的包含意图性的行为，其作出也同样是为了达到某种目的。正如说出命令句的目的是为了使听话者去做某些事；说出一个描述性的陈述句的目的则是为了表征某物或者某事是怎样的。

（2）词语与世界之间适应方向上的差别

Searle将词语与世界之间的适应方向区别为两种：一种是使语词适应世界，以使得以言行事行为中包含的命题内容符合世界的客观状况，如断定、描述、陈述等就属于这一类型；另一种是使世界适应语词，即改变客观世界中的情境或者事物以适应命题内容的要求，如承诺、命令等。

（3）所表达出的心理状态上的差别

说话者在履行任一以言行事行为时都会处于某种特定的心理状态中。例如，若说话者陈述、解释、断定或者宣称某一命题 P 时，说话者所处的心理状态就是相信 P 为真；若说话者承诺、希望去做 P 时，说话者所处的心理状态则是具有去做 P 的意向性。

（4）以言行事行为的目的被表现出来的力量或者强度上的差别

如语句“我建议我们去看电影。”和“我坚持我们去看电影。”拥有相同的以言行事行为的目的，但是该目的被表现出来的强度却不同。

（5）说话者和听话者的地位、身份等因素对话语的语力因素的影响上的差别

如果将军对士兵说“打扫房间”，那这就是一个命令，但是如果士兵对士兵说“打扫房间”，那这可能只是一个建议。

（6）说话者与听话者的利害关系与说话方式上的差别

如“夸耀”针对对说话者有利的事，而“悔恨”则针对对说话者不利的事情。

（7）与谈话过程中其他部分之间的关系上的差别

如“我回应说……”、“我反对……”等这些表达就不但可将所说出的话语与其他的话语或者上下语境联系起来，还可以体现出这一话语与其他话语之间的不同关系。

（8）由表征语力因素的言语行为词所决定的命题内容上的差别

例如，预测和报道……预测必定是关于未来的，而报道则是关于过去或现在的。

（9）那些必须是言语行为的行为与那些能够是言语行为但又不是必须通过言语行为来履行的行为之间的差别

如请求的行为既可以通过言语的方式履行，也可以通过身体的姿势或者面部的表情来履行。

（10）以言行事行为的履行是否需要超出语言的社会规范来制约上的差别

如按照社会中的规范只有上级才有资格对下级发布命令，因此在发出命令的同时不但要考虑言语的表达还要考虑发布命令的说话者的社会地位。

（11）相应的言语行为词是否具有施为动词式的用法上的差别

Austin 早期区分施为句与记述句，但其后来发现记述句只不过是特殊的施为句，即履行描述、记述功能的施为句。因此其进而认为所有的语句都是施为句，说话就是做事，而施为动词则是表征施为句所作行动的动词。如“命名”这一施为动词表征通过施为句所作的行为就是命名。大多数言语行为词都具有施为动词式的用法，如承诺、命令等，但是并非所有的言语行为词都具有施为动词式的用法，如夸耀，因为说话者很少用“我夸耀”这样的话语完成夸耀的行为。

（12）以言行事行为施事风格上的差别

一些以言行事行为虽然拥有相同的命题内容，但是施事风格的不同也会使得相应的以言行事行为不同。如宣布与倾诉之间虽不涉及语力目的或者命题内容上的不同，但却因为施事风格的差别而成为不同的以言行事行为。

依据这十二个标准，Searle 将以言行事行为划分为以下五类：

断定式（assertives）、指令式（directives）、承诺式（commissives）、表情式（expressives）和宣告式（declaratives）

Searle 认为所有标准中，前三个最重要，因此也主要以前三个标准来区分不同的以言行事行为。以断定式为例，其行为目的是使得听话者相信说话者所断定的内容为真，其方向是使得语词适应世界，其心理状态是说话者相信其断定的内容为真。

除了阐释新的以言行事行为分类标准外，Searle 对以言行事行为研究的另一重大贡献就是在“The Structure of Illocutionary Acts”一文中，以“许诺”这一以言行事行为为例说明了以言行事行为构成的充要条件。

为了说明如何“许诺”，Searle 首先区分了真诚许诺和不真诚许诺这两种情况。其认为通过语句 T，说话者 S 对听话者 H 真诚许诺了 P，当且仅当下面的 10 个条件被满足：

（1）获得了规范的输入和输出条件。这一点是为了保证说话者和听话者在交流信息的时候没有障碍，更不是出于不自愿的境况中，即保证彼此之间信息的输入和输出途径顺畅且彼此都清楚自己在做什么；

（2）S 在说出语句 T 时，表达了 P，因此 S 预言了一个其自身未来的行为 A；

（3）相对于不做 A 来说，H 更愿意 S 做 A 并且 S 也相信 H 更愿意其做 A；

（4）下面这一点对于 S 和 H 来说都是不明显的，即 S 会在事件的正常发展过程中做 A；

（5）S 有能力做 A；

（6）S 有意图做 A；

（7）S 知道语句 T 的说出使得他负担了做 A 的这一责任；

（8）S 的意图是使 H 产生一种认识，即语句 T 的说出会使得条件（6）、（7）被满足，并且 S 的这一意图可以通过 H 对 T 的意义的理解而被认识；

（9）S 和 H 所说出言语的语义规则是，语句 T 被正确且真诚说出当且仅当条件（2）至（8）被满足；

（10）H 接受 S 在条件（7）中提到的责任。

不真诚许诺的构成条件可以通过对真诚许诺的构成条件进行修改而得到。Searle 认为两者之间的区别就在于不真诚许诺中，S 不具有去做 A 的意图，因此，只要将条件（6）修改为如下的条件（6*）即可

（6*）S 的意图是语句 T 的说出会置 S 于要做 A 的责任之下。

从对真诚许诺的分析中，Searle 总结出一集规则的集合，在这一规则集合中可以显示出“许诺”这一以言行事行为所具有的特殊语力因素。该规则集中包含的条件如下：

（1）命题内容条件

“许诺”仅仅在说出语句 T 的语境中才会被说出，T 的说出预示了 S 的一些未来要做的行为 A。

（2）预备条件

“许诺”被说出的预备条件有如下两条：（2a）相对于 S 不做 A 来说，H 更喜欢 S 做 A，并且 S 也相信 H 更喜欢其做 A；（2b）S 会在事件的正常发展过程中做 A 这一点对于 S 和 H 来说都是不明显的。

（3）真诚条件

“许诺”被说出的真诚条件要求 S 有意图做 A。

（4）必要条件

语句 T 的说出使得 S 负担了做 A 的这一责任。

三　以言行事行为理论的完善阶段

与 Austin 不同，Searle 认为当说话者在一个适当的语境中说出一个

带有特定意向性的话语时，他就履行了一个或者多个以言行事行为，因此以言行事行为才是人类交流的最小单位，应该将言语行为的研究重点放在以言行事行为的研究上。而在 Searle 初步建立以言行事行为的理论体系的基础上，当下的学者多将其研究重点放在如下这几个问题上：

（1）语力的构成部分有哪些？

（2）成功地履行简单的以言行事行为所要具备的充要条件是什么？

（3）应该如何刻画语力的不同构成部分？是否有对以言行事行为的递归定义，以构建以言行事行为的逻辑系统。

这里，我们将着重解释第一个以及第二个问题。

在详细阐述具体问题之前，我们首先区分简单的以言行事行为和复杂的以言行事行为。

Searle 和 Vanderveken 指出，以言行事行为应被形式化为 F（P），但是这种形式化表达式只适用于表示简单的以言行事行为。之所以说并不是所有的以言行事行为都可以用 F（P）表示是因为如同逻辑理论中简单句通过布尔算子构成复杂句一样，简单的以言行事行为也可通过复合构成复杂的以言行事行为。

在复杂的以言行事行为中，要注意区分如下两种不同的情况：

（1）区分否定的以言行事行为和包含否定命题的以言行事行为；

（2）区分条件式的以言行事行为和包含条件命题的以言行事行为。

在这两种情况下，前者才是真正的复杂的以言行事行为而后者则是简单的以言行事行为。此外，对于复杂的以言行事行为，如果其逻辑形式为 $F(p) \land \neg F(p)$，那么这种以言行事行为就是不一致的，并且不能被成功地履行。

对于语力因素的构成，Searle 认为其早期对语力构成部分或者说充要条件的说明主要是通过个体分析而得到的，因此缺乏统一的理论基础和普遍性，而且其早期并没有认识到以言行事行为是否成功和是否有缺陷的区分。例如下达命令的行为会成功仅当发出命令的人有一定的地位或者权威，而如果许诺不是被真诚地作出或者许诺者没有去践行自己许诺要做的事情的话，那么像许诺这样的以言行事行为就算被成功作出也会是有缺陷的。因此，以言行事行为可以分为以下三种：不成功的以言行事行为、成功但有缺陷的以言行事行为和成功且无缺陷的以言行事行为。而要完成一个完整的以言行事行为，则必然指的是成功且无缺陷的以言行事行为。

鉴于语力因素在（成功且无缺陷的）以言行事行为中的重要作用，Searle 和 Vanderveken 在其专著 *Foundations of Illocutionary Logic*（1985）中提出，在（成功且无缺陷的）以言行事行为中，其语力因素应具备以下七个构成部分：

（1）语力目的（illocutionary point）

任何类型的语力都有目的因素包含其中，这种目的就是相应以言行事行为的语力目的，如许诺的目的就是使说话者负担做某事的责任。某一类型以言行事行为成功履行的必要条件就是满足这一类型以言行事行为的目的并且这一目的被满足也是能通过这一类型的以言行事行为实现的。

（2）语力目的的力度（strength of illocutionary point）

通常，相同的以言行事行为会有相同的语力目的，但是表达语力目的的力度却会不同。如“建议”与“坚持认为”之间语力目的相同，但是后者的力度强于前者。

（3）达成方式（mode of achievement）

某些以言行事行为需要特殊的方法或者特殊的条件集以使得语力目

的在履行以言行事行为的过程中被达成。例如有权力者发出一个命令与某人发出一个请求的语力目的是相同的，但是前者的语力目的的达成还涉及说话者是有权者这一条件。

（4）命题内容条件（propositional content conditions）

简单以言行事行为的形式表达式为 F（P）。在很多情况下，语力 F 会给命题内容 P 附加很多特定的条件。例如“许诺”，许诺的内容必须是说话者未来会履行的行为，而不能是其他人的行为或者说话者过去所履行的行为。

（5）预备条件（preparatory conditions）

对于大多数以言行事行为的类型来说，行为能被成功且无缺陷地履行仅当某些特定的其他条件被满足。例如如果说话者许诺要做的事不是听话者所感兴趣的或者不是听话者所向往的，那么一个许诺的行为即使能被成功地作出且达到其语力目的但也仍会是有缺陷的。

（6）真诚条件（sincerity conditions）

每当有人履行一个带有命题内容的以言行事行为时，他都表达了一种特定情境中的特定的心理状态。当然，被表达的心理状态也很可能不是说话者所具有的，所以这时话语所表达的心理状态是否真的是说话者所具有的心理状态，就是区分真诚的和不真诚的以言行事行为的标准。

（7）真诚条件的力度（strength of sincerity conditions）

就如同相同的语力目的能被不同的力度所达成一样，相同的心理状态也能被不同的力度所表达。

在区分语力如上七个构成部分的基础上，Vanderveken 将“语力”定义如下，即一个语力是由以上七个因素所唯一确定的以言行事行为的构成部分。而建立在区分语力的不同构成部分的基础上，在某一语境中，一个形如 F（P）的以言行事行为，被成功且无缺陷地履行当且仅当如下的四个条件被满足：

（1）在该语境中，说话者成功地达成了该语力 F 所要求具有的语力目的，且满足该语力 F 所要求的语力目的的力度和达成模式的要求；

（2）说话者表达出命题内容 P，并且该命题内容 P 满足语力 F 所要求的命题内容条件；

（3）语力 F 的预备条件和命题假设能从话语情境中获得，且说话者假设这些条件能从话语情境中获得；

（4）说话者表达出了而且拥有由语力 F 所决定的心理状态，且满足该语力 F 所要求的真诚条件的力度。

2009 年，Vanderveken 在 *Meaning and Speech Acts I*：*Principles of Language Use*^{2nd}一书中进一步定义了以言行事行为成功和满足的条件。而由于其所给出的成功和满足的条件都是建立在其对语力因素重新界定的基础上，因此我们首先介绍一下 Vanderveken 对如上所述的语力界定的修改。

Vanderveken 在早先与 Searle 一起将（成功且无缺陷的）以言行事行为的语力区分为七个构成部分的基础上，进一步提出了语力应具有六个构成部分的说法，并对以言行事行为的其他部分作了新的解释，其对语力的区分如下：

（1）语力目的

区别于 Searle 仅举例说明不同的语力带有不同的目的性，Vanderveken 进一步提出履行任一以言行事行为时，说话者总以一定的方式将命题内容与话语世界联系起来以界定话语与世界的适应方向，其区分了话语适应世界（words-to-world）、世界适应话语（world-to-words）、话语与世界双向适应（double direction）以及无适应关系（null or empty direction of fitting）这四种不同的适应方向。

按照 Searle 对以言行事行为的分类，断定式属于第一种适应方向，承诺式和指令式属于第二种，宣告式属于第三种，表情式则属于第四种。因为表情式只是表达出说话者的命题态度，不存在适应的问题。

（2）语力目的的达成模式

语力目的的达成模式是该语力的构成部分之一，达成模式决定了要达成某种语力目的必须要满足的条件。

（3）命题内容条件

一些语力对于那些能在话语情境中被添加到拥有该语力的命题集中去的命题会提出一定的要求，这些要求就是命题内容条件。

（4）预备条件

当说话者试图履行一个以言行事行为时，他在该话语情境中，预设为真的一些特定的命题。

（5）真诚条件

（6）力度（degree of strength）

以言行事行为都表达说话者的某种心理状态，这种心理状态就体现在真诚条件的力度上，而真诚条件的力度则依赖于语力的不同表达，因此 Vanderveken 不再区分语力目的的力度和真诚条件的力度，因为真诚条件的力度的不同就已经体现出了语力目的力度的不同。而这里所说的力度，精确说来应该是真诚条件的力度。

语力的这六个构成部分是对语力的完全划分，因此 Vanderveken 认为两个语力是相同的，当且仅当它们拥有相同的六个构成部分。

在这种区分的基础上，Vanderveken 将 5 类不同以言行事行为中的语力因素分析见附表 1.1（表情式除外），其中，如果对某类以言行事行为语力的某一构成部分没有特殊要求的话，则该部分被表示为“中立式”。

附表 1.1

	语力目的	达成模式	命题内容	预备条件	真诚条件	力度
断定式	断定目的	中立式	中立式	说话者拥有命题内容为真的证据或者理由	说话者相信命题内容为真	中立式
承诺式	承诺目的	中立式	表达了说话者的一个未来行动	说话者有能力履行其承诺的行为	说话者意图履行该承诺的行为	中立式
宣告式	宣告目的	中立式	说话者当下的行为	说话者在说出话语时能履行这一行为	说话者相信、意图、希望履行这一行为	中立式
指令式	指令目的	中立式	表达了听者的一个未来的行为	听者有能力履行其承诺的行为	说话者意图使听者履行该行为	中立式

定义附 1.1　在某一语义解释下的某一话语情境中，一个能被形式化为 F（P）的以言行事行为被成功地履行当且仅当在该情境中，下面的条件被满足：

（1）说话者利用 F 的达成模式达到了 F 的语力目的，且命题内容 P 满足该语境下 F 所要求的条件；

（2）说话者预设了 F 所要求的预备条件为真；

（3）说话者表达了 F 的心理状态的力度，这种力度由 F 的真诚条件决定。

可形式化为 F（P）的简单以言行事行为的满足条件则是一个从语力的适应方向和命题内容真值到以言行事行为满足与否的函数，这一函数可递归定义如下：

话语适应世界/世界适应话语/双相适应 + 命题内容条件为真 → 满足

话语适应世界/世界适应话语/双相适应 + 命题内容条件为假 → 不

满足

纵观近年来的以言行事行为研究，以 Vanderveken 为代表的一部分学者继续研究以言行事行为的构成部分以及如何将以言行事行为形式化等问题，即延续研究以言行事行为的逻辑化研究发展方向。而由于以言行事行为理论只是强调语力的重要性，但却没有阐述语力的产生机制，所以另一部分学者则进一步研究意义—意向—行为三者之间的关系，力求为以言行事行为提供哲学基础，即延续以言行事行为的哲学方向。如 Searle 后期就致力于研究语言与心智的关系和语言与社会的关系，以期望将语力的产生归结到主体的意向性上去，其主张表述对象和事态的言语能力是有机体与世界相联系的心智的普遍能力的部分，所以任何全面的对言语和语言的解释都要求对心智与有机体和现实的关系给予解释。由于意向性问题是心灵哲学中一个重要且解释繁多的领域，因此将以言行事行为中语力因素的产生归结到意向性上，不但没有清楚地解释语力产生的原因，反而将以言行事行为理论建筑在一个更加具有争议的基础上，这并没有给以言行事行为理论提供坚实的哲学基础。

以言行事行为理论的建立和发展不但使得自身的理论体系不断完善，还进一步延伸出对意向性理论的关注和解释，使得更多的学者开始关注以言行事行为，尝试从各自不同的研究领域来审视以言行事行为的构成要素、形式化方法等问题，如逻辑学领域中就产生了命令句逻辑、祈使句逻辑、疑问句逻辑等不同的逻辑体系来探讨不同的以言行事行为。

因此，针对以言行事行为的当下研究主要就包含了以上所述的三个领域，即构建以言行事行为的逻辑系统的研究、探寻以言行事行为理论哲学基础的研究以及其他学派对以言行事行为的关注这三部分。

附录2　以言行事行为的形式化工作*

以言行事行为的形式化刻画方案很多，这里我们介绍 Searle 和 Vanderveken 所给出的方案，即语力逻辑系统。语力逻辑系统是建立在 Searle 和 Vanderveken 已有的以言行事行为理论基础上的。该语力逻辑系统不但以以言行事行为整体作为其研究对象，而且在其对以言行事行为的刻画中体现了行动者的心理状态因素。

Searle 和 Vanderveken 在其 1985 出版的专著 *Foundations of Illocutionary Logic* 中就以已有的以言行事行为理论为哲学基础，构建了以言行事行为的逻辑系统。由于简单的以言行事行为由语力（F）和命题内容（P）两部分构成，而这两部分中语力因素又最为重要，因此 Searle 和 Vanderveken 认为在以言行事行为逻辑的构建中最重要的就是如何对语力因素进行形式化表达这一问题，也正因如此，其在已有的关于语力因素的研究基础上，提出了对语力因素几个构成部分的形式化处理方法，进而在逻辑系统中构建语力因素，以期以此为基础建立以言行事行为的逻辑系统。Vanderveken［2009］就构建了一个以言行事行为的逻辑系统，即下文将要介绍的语力逻辑。

* 本节内容出自贾青《主事性在以言行事行为中的逻辑刻画》，博士学位论文，中国人民大学哲学院，2011 年。

话语情境是语力逻辑中的一个重要概念，即使是相同的以言行事行为在不同的话语情境下被作出也会产生完全不同的效果，而以下几个因素就构成了所谓的话语情境，即说话者、听话者、时间、地点以及其他一些与说话者、听话者、时间以及地点相关的因素。

定义附 2.1　令 I_1、I_2、I_3、I_4为四个非空集合，分别包含可能的说话者、听话者、时间或者地点因素，而 W 则是所有可能世界的集合，该集合包含所有可能会被说出的话语以及其他表达。因此，集合 I 是所有可能的话语情境的集合，当且仅当如下的三个条件被满足：

[1] $I \subset I_1 \times I_2 \times I_3 \times I_4 \times W$；

[2] 每一个话语情境 $i \in I$，其分别由如下五个构成因素，即说话者 a_i，听话者 b_i，时间 t_i，地点 l_i 以及可能世界 w_i，因此 $i = \langle a_i, b_i, t_i, l_i, w_i \rangle$；

[3] 不同话语情境之间的关系是反自返且对称的。

对于每一个可能世界 $w \in W$，都存在一个集合 U（w），包含所有的属于这个主事性在以言行事行为中的逻辑刻画可能世界的对象，这样的个体集合 U（w）称为 w 的定义域。

由于简单的以言行事行为的形式化表达式是 F（P），因此该系统用 F_1，$F_2 \cdots F_n \cdots$表示语力变项，Φ 表示语力的集合，Ω 则表示以言行事行为的集合，而 p_1，$p_2 \cdots p_n \cdots$则表示命题变项，Prop 表示所有命题变项的集合，以言行事行为理论中的命题内容 P 是集合 Prop 的子集。在此基础上，Searle 和 Vanderveken 分别讨论了语力和命题内容的不同逻辑性质并进行了逻辑刻画。

定义附 2.2　符号 $\| F_n \|$ （$1 \leqslant n \leqslant 5$）表示某种语力以及某类以言行事行为的名称。

如 ‖许诺‖ 就可以用于表示“许诺”这一语力以及“许诺”这类以言行事行为的名称。

以言行事行为中语力因素的刻画涉及语力的如下几个构成部分，即语力点、语力点的达成模式、语力点的力度、命题内容条件、预备条件、真诚条件以及真诚条件力度这七个构成部分。因此 Searle 和 Vanderveken 所构建的语力逻辑系统就以刻画如上的七个语力构成部分为基础，在该系统中构建对语力因素的逻辑刻画。其中语力点这一构成部分就被刻画如下：

对于语力点而言，由于不同的语力点有不同的达成条件，因此，每一语力点就等同于 $I\times Prop$ 上的唯一关系“Π”，以确定这一语力点的达成条件。

定义附 2.3 IΠProp 成立当且仅当说话者 a_i 在说话情境 i 中成功地达成了关于命题内容 P 的语力点。

定义附 2.4 如果令 Π 表示某一语力 Fn（$1\leqslant n\leqslant 5$）的语力点的达成条件，那么 $i\Pi_{Fn}P$ 成立当且仅当说话者 a_i 在说话情境 i 中成功地达成了命题内容 P 上的语力 Fn 中的语力点。

该语力逻辑系统使用被如上规定的语力点的达成条件表示语力中的语力点因素，因此可以简单地使用“Π”表示语力点。

对于语力中的真诚条件因素，Searle 和 Vanderveken 利用命题态度来刻画。这是因为命题内容都附带某种心理状态，如愿望、期待等，而其则将这种心理状态处理为命题态度。

如果令 M 表示所有不同心理状态的集合、m 表示任意的心理状态，那么 $m\in M$。如果令 P 表示命题内容，u 表示个体，t 表示时间，那么命题 mutP 在可能世界 w 中为真，当且仅当在可能世界 w 中，个体 u 在时间 t 拥有附带在 P 主事性在以言行事行为中的心理状态 m。[①]

---

① 限于篇幅的关系，除语力点以及真诚条件以外的其他语力构成部分，将不会在这里被介绍。

在对语力的不同构成部分进行逻辑刻画的基础上，再添加命题内容部分就可以表示不同的以言行事行为。

由于语力逻辑是建筑在以言行事行为理论基础上的，因此以言行事行为理论的修改也必然会导致语力逻辑的改变。而 Vanderveken 对以言行事行为理论所作的修改，就造就了新的语力系统。其将语力的 7 个构成部分修改为 6 个，并对语力的不同构成部分作了新的解释。建立在这种修改的基础上，Vanderveken 在其 2009 年出版的专著 *Meaning and Speech Act II*：*Formal Semantics of Success and Satisfaction* ^{2nd}中就给出了新的语力逻辑系统，而下面所要介绍的语力逻辑系统就是其在该专著中所构建的针对简单以言行事行为的逻辑系统。[①]

该系统中，p 表示命题，p 中既包含命题变项也包含命题常项，μ 表示语力点以及语力点的达成模式，θ 表示命题内容条件，Σ 表示预备条件，τ 表示命题态度，ψ 表示真诚条件，ι 表示力度。

字母表：

（1）变项

（i）命题变项：p′，q′，r′，…；

（ii）语力变项：x_α，x_α^1，x_α^2，…，x_α^n，…，y_α，y_α^1，y_α^2，…，y_α^n，…，z_α，z_α^1，z_α^2，…，z_α^n，…，其中 $\alpha = p$，τ 或者 ι；

（2）常项

（i）命题常项：⊥；

（ii）语力常项：c_α，c_α^1，c_α^2，…，c_α^n，…其中 $\alpha = p$，μ，θ，Σ，τ，ψ 或者 ι

0ι，1_ζ，0_ζ，其中 $\zeta = \mu$，θ，Σ 或者 ψ

① 由于该系统是在 Searle、Vanderveken 1985 年所构建的语力系统基础上修改而得的，因此一些用法相同的符号将会在下文中直接使用。

π_{μ}^{1}，π_{μ}^{2}，π_{μ}^{3}，π_{μ}^{4}，π_{μ}^{5}

其中，0_{ι}表示整数0，1_{ζ}，0_{ζ}则分别表示包含ζ（$\zeta=\mu$，θ，Σ或者ψ）的语力中的充分构成部分以及应被忽略的构成部分。[①] 而π_{μ}^{1}、π_{μ}^{2}、π_{μ}^{3}、π_{μ}^{4}、π_{μ}^{5}则分别表示断定式、承诺式、宣告式、指令式以及表情式这五类以言行事行为的各自语力点。

对于任一k（1≤k≤5），c_{ψ}^{k}就表示由语力点π_{ψ}^{k}所决定的真诚条件。

（3）语力连接词：＊，E，t,》，＞,′，`，＝；

（4）布尔连接词：～，∨；

（5）辅助符号：(,)；

（6）量词：∀，∃!；

（7）模态连接词：□

项的构成规则

（1）命题项

（i）任一命题常项和命题变项都是命题项；

（ii）如果A和B是命题项，那么～A以及A∨B也是命题项。

（2）表示语力不同构成部分的项

（i）μ，θ，Σ，ψ或者ι中的任一常项或者变项都是该规则下表示语力不同构成部分的项；

（ii）如果A是ι中的项，那么（A)′以及`（A）也是ι中的项。其中（A)′以及`（A）分别表示整数A的直接后继（immediate successor）以及直接前趋（immediate predecessor）；

（iii）如果A和B都是ζ（ζ＝μ，θ，Σ或者ψ）中的项，那么(A＊B)也是ζ中的项。

---

① 所谓充分的构成部分是指那些被满足之后就必然导致以言行事行为被满足的构成部分，而应被忽略的构成部分则是指那些如果被满足则会导致以言行事行为不被满足的构成部分。

其中（A ∗ B）可以表示如下几种不同的项：

第一，如果 A 和 B 是 μ 中的项，那么（A ∗ B）表示由达成模式 A 和达成模式 B 所构成的合取式；

第二，如果 A 和 B 是 θ 中的项，那么（A ∗ B）表示由命题内容条件 A 和命题内容条件 B 的交集所构成的项；

第三，如果 A 和 B 是 Σ 或者 ψ 中的项，那么（A ∗ B）表示由预备条件（或者真诚条件）A 以及预备条件（或者真诚条件）B 的并集所构成的项；

第四，如果 A 和 B 是 ι 中的项，那么（A ∗ B）表示整数 A 和整数 B 的和。

（3）语力项

如果 A_{μ}，A_{θ}，A_{Σ}，A_{ψ}，A_{ι}分别是 μ，θ，Σ，ψ，ι 中的项且 $1 \leqslant k \leqslant 5$，那么［（$A_{\mu}$，$A_{\theta}$，$A_{\Sigma}$，$A_{\psi}$），$A_{\iota}$，$\pi_{\psi}^{k}$］就表示由这几个部分所构成的语力项，且该语力项属于集合 Φ。

［（A_{μ}，A_{θ}，A_{Σ}，A_{ψ}），A_{ι}，π_{ψ}^{k}］不但可表示某一语力 F_n，而且还决定了在以言行事行为中的逻辑刻画为 F_n（P）的成功条件：即在某一解释中的某一语境下，由 F_n（P）所表示的简单的以言行事行为被成功履行，当且仅当在该语境下如下的条件被满足：

（i）命题内容 P 满足命题内容条件 A_{θ}；

（ii）说话者使用达成模式 A_{μ}达成了语力点π_{ψ}^{k}，且该语力点被附加在命题内容 P 之上；

（iii）所有与预备条件 A_{Σ}相关联的命题都被假定与命题内容 P 一起处于该语境中；

（iv）该以言行事行为表达了力度 A_{ι}以及心理状态 m（P）。其中 m 属于由 A_{ψ}所决定的真诚条件，其也可直接由语力点π_{ψ}^{k}所决定。

（4）以言行事行为项

如果 A_{φ}是一个语力项，A_p是一个命题项，那么 A_{φ}（A_p）就是一个以言行事行为项。即 A_{φ}（A_p）是由命题内容 A_p和语力 A_{φ}所构成的简单的以言行事行为。

公式的构成规则

（1）表示成功条件的公式

如果 A_p，A_{μ}，A_{θ}，A_{Σ}，A_{ψ}，A_{τ}分别是 p，μ，θ，Σ，ψ，τ 中的项，那么（$A_{\mu}A_p$），（$A_{\theta}A_p$），（$A_{\Sigma}A_pB_p$），（$A_{\psi}A_{\tau}$），（E（$A_{\tau}A_p$）A_{ι}）就是系统中的公式。其中 E（$A_{\tau}A_p$）表示命题态度 A_{τ}是附加在命题内容 A_p上的。而包含如上任一公式的以言行事行为被满足，当且仅当不同的构成项都被满足。

（2）命题公式

如果 A 和 B 是命题（项），那么 t（A），（》A），（A > B）就是命题公式。其中 t（A）表示 A 为一命题且 A 为真、（》A）表示 A 为语力中的预设命题、（A > B）表示命题 A 的内容包含命题 B 的内容。

（3）等值公式（identity sentences）

如果项 A 和项 B 同属于 α，且 α = p，μ，θ，Σ，τ，ψ 或者 ι，那么 A = B 为该系统中的公式。

（4）复杂公式

如果 A 和 B 是系统中的公式，那么 ~A，□A 和（A ∨ B）也是系统中的公式。

（5）量词公式

如果 x 为一变项，A 为一公式，那么∀xA 也是系统中的公式。

一个表达式是该系统中的项或者公式，当且仅当该表达式是通过如上规则所构成的项或者公式。

其他符号、公式或者运算的引入

（1）布尔连接词

$(A \wedge B) = \sim(\sim A \vee \sim B)$

$(A \to B) = \sim(A \wedge \sim B)$

$(A \leftrightarrow B) = (A \to B) \wedge (A \leftarrow B)$

（2）内容的等值（identity of content）

$A_p <> B_p = (A_p > B_p) \wedge (B_p < A_p)$

（3）逻辑必然的命题

$1_p = c_p^1 \vee \sim c_p^1$

（4）命题必然

$\Box A = (A_p \leftrightarrow 1_p)$

（5）逻辑可能

$\Diamond A = \sim \Box \sim A$

（6）严格蕴涵与严格等值

$(A \Rightarrow B) = \Box(A \to B)$

$(A \Leftrightarrow B) = (A \Rightarrow B) \wedge (B \Rightarrow A)$

（7）重言式

$TA_p = (B_p \vee \sim B_p)$

该公式表示 A_p 为一重言式

（8）强蕴涵

$(A \subset B) = T(A \to B) \wedge (A > B)$

（9）世界命题（world propositions）

$W(A_p) = \Diamond(t(A_p) \wedge \forall x_p(t(x_p) \to (A_p \subset x_p)))$

该公式表示命题 A_p 完全代表了该语境中的世界状态。

（10）唯一存在量化

$\exists xA = \sim \forall x \sim A$

$\exists! \ xA = \exists xA \wedge (\exists x'([x'/x]A \rightarrow x' = x))$（x′是未在 A 中出现的第一个变项且 x′与 x 属于同一语力构成部分）

（11）不同的初始语力

（i）断定式：$\vdash = [(1_{\mu}, 1_{\theta}, 1_{\Sigma}, 1_{\psi}) 0_{\iota}, \pi^{1}]$

（ii）承诺式：$\perp = [(1_{\mu}, 1_{\theta}, 1_{\Sigma}, 1_{\psi}) 0_{\iota}, \pi^{2}]$

（iii）宣告式：$! = [(1_{\mu}, 1_{\theta}, 1_{\Sigma}, 1_{\psi}) 0_{\iota}, \pi^{3}]$

（iv）指令式：$\top = [(1_{\mu}, 1_{\theta}, 1_{\Sigma}, 1_{\psi}) 0_{\iota}, \pi^{4}]$

（v）表情式：$\dashv = [(1_{\mu}, 1_{\theta}, 1_{\Sigma}, 1_{\psi}) 0_{\iota}, \pi^{5}]$

（12）在一个语力的基础上添加新的达成模式的运算：

$[B_{\mu}][(A_{\mu}, A_{\theta}, A_{\Sigma}, A_{\psi}), A_{\iota}, \pi^{k}] = [[((B_{\mu} * A_{\mu}), A_{\theta}, A_{\Sigma}, A_{\psi}), A_{\iota}, \pi^{k}]]$

（13）在一个语力的基础上添加新的命题内容条件的运算：

$[B_{\theta}][(A_{\mu}, A_{\theta}, A_{\Sigma}, A_{\psi}), A_{\iota}, \pi^{k}] = [(A_{\mu}, (B_{\theta} * A_{\theta}), A_{\Sigma}, A_{\psi}), A_{\iota}, \pi^{k}]$

（14）在一个语力的基础上添加新的预备条件的运算：

$[B_{\Sigma}][(A_{\mu}, A_{\theta}, A_{\Sigma}, A_{\psi}), A_{\iota}, \pi^{k}] = [(A_{\mu}, A_{\theta}, (B_{\Sigma} * A_{\Sigma}), A_{\psi}), A_{\iota}, \pi^{k}]$

（15）在一个语力的基础上添加新的真诚条件的运算：

$[B_{\psi}][(A_{\mu}, A_{\theta}, A_{\Sigma}, A_{\psi}), A_{\iota}, \pi^{k}] = [(A_{\mu}, A_{\theta}, A_{\Sigma}, (B_{\psi} * A_{\psi})), A_{\iota}, \pi^{k}]$

（16）增加或者降低力度的运算：

$[B_{\iota}][(A_{\mu}, A_{\theta}, A_{\Sigma}, A_{\psi}), A_{\iota}, \pi^{k}] = [(A_{\mu}, A_{\theta}, A_{\Sigma}, A_{\psi}), (B_{\iota} * A_{\iota}), \pi^{k}]$

而 $[B_{\mu}]A_{\varphi}$、$[B_{\theta}]A_{\varphi}$、$[B_{\Sigma}]A_{\varphi}$、$[B_{\psi}]A_{\varphi}$、$[B_{\iota}]A_{\varphi}$就分别表

示通过对语力 A_φ 添加达成模式 B_μ、命题内容条件 B_θ、预备条件 B_Σ、真诚条件 B_ψ 或者力度 B_ι 而得的新语力。

（17）以言行事行为的成功值

$s([(A_\mu, A_\theta, A_\Sigma, A_\psi), A_\iota, \pi^k] A_p) =$

$\pi^k A_p \wedge A_\mu A_p \wedge A_\theta A_p \wedge (\forall x_p (A_\Sigma A_p x_p \rightarrow \rangle\rangle x_p)) \wedge (\forall x\tau ((A_\psi x_\tau \vee c_\pi^k x_\tau) \rightarrow E(x_\tau A_p) A_\iota))$

其中，置于以言行事行为前的符号“s”就表示该以言行事行为是成功的。

（18）拥有语力点的性质（the property of having an illocutionary point）

$A_\varphi \Rightarrow \pi^k = \forall x_p (s(A_\varphi x_p) \Rightarrow (\pi^k x_p))$

$A_\varphi \Rightarrow \pi^k$ 就表示下面的情况不可能，即一个说话者履行一个以言行事行为，且该以言行事行为的语力为 A_φ、命题内容为 P，但却没有达成命题内容 P 上的语力点 π^k。

（19）拥有语言到世界对应方向的性质

$\downarrow (A_\varphi) = (A_\varphi \Rightarrow \pi^1)$

$\downarrow (A_\varphi)$ 就表示语力 A_φ 拥有从语言到世界的对应方向。

（20）拥有世界到语言对应方向的性质

$\uparrow (A_\varphi) = (A_\varphi \Rightarrow \pi^2 \vee A_\varphi \Rightarrow \pi^3 \vee A_\varphi \Rightarrow \pi^4)$

（21）拥有双向对应方向的性质

$\uparrow\downarrow (A_\varphi) = (A_\varphi \Rightarrow \pi^4)$

（22）拥有空对应方向性的性质

$\emptyset (A_\varphi) = (A_\varphi \Rightarrow \pi^5 \wedge \sim \downarrow (A_\varphi)) \wedge \sim \uparrow (A_\varphi) \wedge \sim \uparrow\downarrow (A_\varphi))$

（23）以言行事行为的满足值：

$t(A_{\varphi}A_{p}) = ((\downarrow(A_{\varphi}) \vee \emptyset(A_{\varphi})) \rightarrow t(A_{p})) \wedge (\uparrow(A_{\varphi}) \vee \downarrow(A_{\varphi})) \rightarrow (t(A_{p}) \wedge s(A_{\varphi}A_{p})))$

（24）以言行事行为之间的强语力承诺关系：

对于任意的以言行事行为项 A_{Ω} 和 B_{Ω}，$A_{\Omega} \triangledown B_{\Omega} = (s(A_{\Omega}) \Rightarrow s(B_{\Omega}))$

（25）强语力关系

对于任意的语力项 A_{φ} 和 B_{φ}，$A_{\varphi} \triangledown B_{\varphi} = \forall x_{p}(A_{\varphi}(x_{p}) \triangledown B_{\varphi}(x_{p}))$

（26）满足条件

对于任意的项 A_{Ω} 和 B_{Ω}，$A_{\Omega} \Rightarrow B_{\Omega} = (t(A_{\Omega}) \Rightarrow t(B_{\Omega}))$

（27）不同时履行的两个以言行事行为之间的关系：

$(A_{\Omega} >< s\, B_{\Omega}) = (s(A_{\Omega}) \Rightarrow \sim s(B_{\Omega}))$

（28）不相容语力

$(A_{\Omega} >< B_{\Omega}) = \forall x_{p}(s(A_{\Omega}x_{p}) \Rightarrow \sim s(B_{\Omega}x_{p}))$

（29）不同时被满足的两个以言行事行为之间的关系：

$(A_{\Omega} >< t\, B_{\Omega}) = (t(A_{\Omega}) \Rightarrow \sim t(B_{\Omega}))$

（30）力度的相加运算

$(A_{\iota} + B_{\iota}) = (A_{\iota} * B_{\iota})$

公理：

命题逻辑公理：$A \rightarrow (B \rightarrow A)$

$A \rightarrow (B \rightarrow C) \rightarrow ((A \rightarrow B) \rightarrow (A \rightarrow C))$

$(\sim A \rightarrow \sim B) \rightarrow (B \rightarrow A)$

一阶谓词逻辑公理：$\forall xA \rightarrow A[y/x]$（y 与 x 属于相同类型且 y 在 A 中自由出现）

$\forall x(A \rightarrow B) \rightarrow (A \rightarrow \forall xB)$（x 不是 A 中的自由变项）

等值公理：$A=A$，其中 A 为任意系统中的项

$(x_1=x_2)\rightarrow(B\leftrightarrow B^*)$ B^*是用 x_2 替代 x_1 在 B 中的所有出现得到的，且没有约束变项的困扰

模态公理：$\Box A\rightarrow A$

$\Box(A\rightarrow B)\rightarrow(\Box A\rightarrow\Box B)$

$\Diamond A\rightarrow\Box\Diamond A$

命题公理：$A_p>A_p$

$(A_p>B_p)\rightarrow((B_p>C_p)\rightarrow(A_p>C_p))$

$(A_p\vee B_p)>A_p$ / $(A_p\vee B_p)>B_p$

$((C_p>A_p)\wedge(C_p>B_p))\rightarrow(C_p>(A_p\vee B_p))$

$(A_p>\sim A_p)\wedge(\sim A_p>A_p)$

$A_p>B_p\rightarrow\Box(A_p>B_p)$

$t(\sim A_p)\leftrightarrow\sim t(A_p)$

$t(A_p\vee B_p)\leftrightarrow(t(A_p)\vee t(B_p))$

$((A_p\subset B_p)\wedge(B_p\subset A_p))\rightarrow(A_p=B_p)$

TA_p，如果 A 是任一命题逻辑中公理的例子

$TA_p\rightarrow\Box t(A_p)$

整数的阿尔贝群的公理：$\forall x_\iota(x_\iota\geqslant 0_\iota\rightarrow\sim 0_\iota=(x_\iota)')$

$\forall x_\iota(0_\iota\geqslant x_\iota\rightarrow\sim 0_\iota=`(x_\iota))$

$\forall x_\iota\forall y_\iota((x_\iota+y_\iota)=(y_\iota+x_\iota))$

$\forall x_\iota\forall y_\iota\forall z_\iota(x_\iota+(y_\iota+z_\iota)=(x_\iota+y_\iota)+z_\iota)$

$\forall x_\iota((x_\iota+0_\iota)=x_\iota\wedge`((x_\iota)')=x_\iota)$

$\forall x_\iota\forall y_\iota((x_\iota+(y_\iota)')=(x_\iota+y_\iota)')$

$\forall x_\iota\forall y_\iota((x_\iota+`(y_\iota))=`(x_\iota+y_\iota))$

$A(0_\iota)\wedge\forall x_\iota(A(x_\iota)\rightarrow(A((x_\iota)')\wedge A(`(x_\iota))))\rightarrow\forall x_\iota$

$A(x_\iota)$

$\forall x_\iota \exists y_\iota (x_\iota + y_\iota = 0_\iota)$

语力构成部分的公理：$(\forall x_p (A_\zeta x_p \Leftrightarrow B_\zeta x_p) \rightarrow A_\zeta = B_\zeta)$ 其中 $\zeta = \mu$ 或者 θ

$(\forall x_p \forall y_p (A_\Sigma x_p y_p \Leftrightarrow B_\Sigma x_p y_p)) \rightarrow A_\Sigma = B_\Sigma$

$(\forall x_\tau (A_\psi x_\tau \leftrightarrow B_\psi x_\tau)) \rightarrow A_\psi = B_\psi$

$\Box(1_\zeta A_p)$ 其中 $\zeta = \mu$ 或者 θ

$\sim \Diamond (0_\zeta A_p)$ 其中 $\zeta = \mu$ 或者 θ

$(A_\zeta * B_\zeta) A_p \leftrightarrow (A_\zeta A_p \wedge B_\zeta A_p)$ 其中 $\zeta = \mu$ 或者 θ

$\sim \Diamond 1_\Sigma A_p B_p$

$\Box 0_\Sigma A_p B_p$

$(A_\Sigma * B_\Sigma) A_p B_p \leftrightarrow (A_\Sigma A_p B_p \vee B_\Sigma A_p B_p)$

$\sim \Diamond 1_\psi A_\tau$

$\Box 0_\psi A_\tau$

$((A_\psi * B_\psi) A_\tau) \leftrightarrow (A_\psi A_\tau \vee B_\psi A_\tau)$

语力点的公理：$(\pi^k A_p \rightarrow \sim T \sim A)$ $(1 \leqslant k \leqslant 4)$

$(\pi^1 A_p \rightarrow \exists ! x_p \forall y_p (\pi^1 y_p \leftrightarrow x_p \subset y_p))$

$\pi^k A_p \rightarrow \exists ! x_p (\pi^k x_p \wedge (\forall y_p (\pi^k y_p \leftrightarrow (x_p \subset y_p \wedge \sim T y_p))))$ $(2 \leqslant k \leqslant 3)$

$\pi^4 A_p \rightarrow \exists ! x_p (\pi^4 x_p \wedge (\forall y_p (\pi^4 y_p \leftrightarrow (x_p \subset y_p \wedge \sim \Box t (y_p)))))$

$\forall x_p (\pi^4 x_p \rightarrow t (x_p))$

$\forall x_p ((\pi^4 x_p \vee \pi^2 x_p) \rightarrow \pi^1 x_p)$

$(\exists x_\tau c_\pi^k x_\tau) \wedge ((\pi^k A_p) \Rightarrow \forall x_\tau (c_\pi^k x_\tau \rightarrow \exists x_\iota E (x_\tau A_p) x_\iota))$ $(1 \leqslant k \leqslant 4)$

$\pi^5 A_p \leftrightarrow \exists x_\tau \exists x_\iota E(x_\tau A_p) x_\tau$

预备条件的公理：$\sim \forall x_p \gg x_p$

$\gg A_p \rightarrow ((A_p \subset B_p) \rightarrow \gg B_p)$

$\gg A_p \rightarrow \sim (\pi_1 \sim A_p)$

表达心态的公理：$\sim \forall x_\tau E(x_\tau x_p) A_\tau$

$E(A_\tau A_p) A_\iota \rightarrow (\exists x_\iota \sim E(A_\tau A_p) x_\iota \wedge (\exists y_\iota (E(A_\tau A_p) y_\iota \wedge \forall z_\iota (E(A_\tau A_p) z_\iota \leftrightarrow y_\iota \geqslant z_\iota))))$

语力与以言行事行为的公理：$A_\varphi = B_\varphi \leftrightarrow \Box(\forall x_p (s(A_\varphi x_p) \leftrightarrow s(B_\varphi x_p)))$

$A_\varphi A_p = B_\varphi B_p \leftrightarrow (A_p = B_p \wedge \Box(s(A_\varphi A_p) = s(B_\varphi B_p)))$

推导规则：$A \wedge (A \rightarrow B) / B$

$A / \Box A$

$TA \wedge T(A \rightarrow B) / TB$

$A / \forall xA$

语义解释：

定义附 2.5　该系统的框架 F_{IL} 是一个七元组 <I，D，M，U，（Πk），>>，E >

（1≤k≤5）且其中的七个元素分别满足如下的条件：

（1）集合 I 中的元素为该框架中的可能语境；

（2）集合 D 中的元素为该框架中的所有可能内容。集合 D 中的任一元素都为一集原子命题的集合。而⊆则是集合 D 上的偏序关系，该集合 D 在并集关系下封闭；

（3）集合 M 中的元素为该框架中的心理状态；

（4）I，D，M 是三个不相交的非空集；

（5）*U* 是一个函数，其定义域是系统中的所有初始符号的集合。

其将每一类型 α（$\alpha = p$，μ，θ，Σ，τ，ψ 或者 ι）映射到包含 α 项所可能指称的所有对象的集合 U_α 上去。该函数可被定义如下：

（i）$U_\tau = M$

（ii）$U_p \subseteq D \times \sim (I) \times \sim (2^{Lp})$ 其中 2 是真值集合，L_p 是系统中命题常项和命题变项的集合

（iii）$U_\mu = \sim (I \times U_p)$

（iv）$U_\theta = (\sim (U_p))^{i}$

（v）$U_\Sigma = (\sim (U_p))^{I \times Up}$

（vi）$U_\psi = \sim (M)$

（vii）U_ι 是整数 Z 的集合

（6）Π_1，Π_2，Π_3，Π_4，Π_5 分别为 5 个 $I \times U_p$ 的子集，分别表示框架中断定式、承诺式、宣告式、指令式和表情式这 5 种以言行事行为的语力点达成条件以及语力点。因此，$<i, P> \in \Pi_k$ 表示在框架中，在语境 i 下，命题 P 所附带的第 k 个语力点被达成；

（7）》是 $I \times U_p$ 的子集，表示在框架中的所有语境下，哪些命题是能被用作预备条件的。因此，$<i, P> \in$》就表示在框架中的语境 i 下，命题 P 被用作预备条件；

（8）E 为 $I \times U_\tau \times U_p \times U_\iota$ 的子集，表示在框架中的所有语境下，哪些心理状态被表达出来。因此，$<i, m, P, k> \in E$ 就表示在框架中的语境 i 下，说话者通过由整数 k 所表示的力度表达了一种具有 m（P）这种形式的心理状态。

如果命题 $P \in U_p$，那么 id_1（P）为一个原子命题集，且这些原子命题为该命题 P 的内容；id_2（P）为所有可能情境的集合且在这些情境中命题 P 都为真；id_3（P）为在 P 为真的条件下，对 P 中命题变项和命题常项的真值指派的集合。

定义附 2.6 命题 P 在某一解释下的语境 i 中为真，当且仅当 $i \in id_2$（P）；命题 P 在该解释下的语境 i 中是偶然的，当且仅当 id_2（P）是一个 I 的非空真子集；P 是一个重言式，当且仅当 id_3（P）是一集完全的真值指派；P 是矛盾式，当且仅当是 id_3（P）是空集；P 强蕴涵 Q，当且仅当 id_1（Q）$\subseteq id_1$（P）并且 id_3（P）$\subseteq id_3$（Q）。

定义附 2.7 该系统的模型 M_{IL} 是一个二元组 $< F_{IL}, \| \| >$ 且 F_{IL} 为该系统的框架，而 $\| \|$ 则为模型中的赋值函数。该赋值函数表示在模型 M_{IL} 下，在对某一自由变项的真值指派 σ 中，其将类型 α（α =p，μ，θ，Σ，τ，ψ，ι）中的项 A 映射到 Uα 中的对象 $\| A \|^{\sigma}$ 上去。该真值指派 σ 的定义域是系统中的所有变项的集合，值域则是集合 Uα 中的对象且满足下面的条件：

（i） $\| \upsilon \|^{\sigma} = \sigma(\upsilon)$，υ 为 α 中变项；

（ii） $\| c \|^{\sigma} \in U\alpha$，c 为 α 中常项；

（iii） $\| 0_{\iota} \|^{\sigma}$是整数 0；

（iv） $\| 1\mu \| \sigma = I \times Up$，$\| 0\mu \| \sigma = \emptyset$；

（v） $\| 1_{\theta} \|^{\sigma}$是一函数，该函数属于 U_{θ}，如果令 $f = \| 1_{\theta} \|^{\sigma}$，那么 $f(i) = U_p$，$\| 0_{\theta} \|^{\sigma}(i) = \emptyset$；

（vi） $\| 1_{\Sigma} \|^{\sigma}(i, P) = \emptyset$ 且 $\| 0_{\Sigma} \|^{\sigma}$是一函数，该函数属于 U_{Σ}，如果令 $f = \| 0_{\Sigma} \|^{\sigma}$，那么使得 $f(i, P) = U_p$；

（vii） $\| 1_{\psi} \| \sigma = \emptyset$，$\| 0_{\psi} \|^{\sigma} = M$；

（viii） $\| \pi^k \|^{\sigma} = \Pi_k$，$(1 \leqslant k \leqslant 5)$；

（ix） $\| A_{\mu} * B_{\mu} \|^{\sigma} = \| A_{\mu} \|^{\sigma} \cap \| B_{\mu} \|^{\sigma}$；

（x） $\| A_{\theta} * B_{\theta} \|^{\sigma}$是类型 θ 中的函数 f，使得 $f(i) = \| A_{\theta} \|^{\sigma}(i) \cap \| B_{\theta} \|^{\sigma}(i)$；

（xi） $\| A_{\Sigma} * B_{\Sigma} \|^{\sigma}$是类型 Σ 中的函数 f，$f(i, P) = \| A_{\Sigma} \|^{\sigma}$（i，

P）$\cap \| B_{\Sigma} \|^{\sigma}$（i，P）；

（xii）$\| A_{\psi} * B_{\psi} \|^{\sigma} = \| A_{\psi} \|^{\sigma} \cup \| B_{\psi} \|^{\sigma}$；

（xiii）$\| A_{\iota} + B_{\iota} \|^{\sigma}$表示整数$\| A_{\iota} \|^{\sigma}$与$\| B_{\iota} \|^{\sigma}$的和；

（xiv）如果A_p是一个命题项，那么$\| \sim A_p \|^{\sigma} = < id_1 \| A_p \|^{\sigma}, \{ i \mid i \in I \& i \notin id_2 (\| A p \|^{\sigma}) \}, \{ f \mid f \in 2^{Lp} \& f \notin id_3 (\| A_p \|^{\sigma}) \} >$

（xv）$\| A_p \vee B_p \|^{\sigma} = < id_1 \| A_p \|^{\sigma} \cup id_1 \| B_p \|^{\sigma}, id_2 \| A_p \|^{\sigma} \cup id_2 \| B_p \|^{\sigma}, id_3 \| A_p \|^{\sigma} \cup id_3 \| B_p \|^{\sigma} >$

（xvi）$\| [(A_{\mu} A_{\theta} A_{\Sigma} A_{\psi}) A_{\iota} \pi^k] \| \sigma$是定义域为$U_p$的函数f，使得f（P）$= < P, f >$，其中f是I的子集，使得$i \in f$当且仅当$< i, P > \in \| A_{\mu} \| \sigma \cap \| \pi^k \| \sigma$，$P \in \| A_{\theta} \| \sigma (i)$，$\| A_{\Sigma} \| \sigma (i, P) \subseteq \{ Q \mid < i, Q > \in 》\}$且对于所有的m，使得$m \in \| A_{\psi} \|^{\sigma} \cup \| c_{\psi}^{k} \|^{\sigma}$，$< i, m, P, \| A_{\iota} \|^{\sigma} > \in E$；

（xvii）如果A_{φ}是语力项，A_p是一个命题项，那么$\| A_{\varphi} (A_P) \|^{\sigma} = \| A_{\varphi} \|^{\sigma} (\| A_P \|^{\sigma})$。

定义附2.8 任一系统中的公式或者项A在模型M_{IL}中的语境i下，通过对真值指派σ而为真，当且仅当下面的条件被满足：

（i）（$A_{\mu} A_P$）在赋值σ下为真，当且仅当$< i, \| A_P \|^{\sigma} > \in \| A_{\mu} \|^{\sigma}$；

（ii）（$A_{\theta} A_P$）在赋值σ下为真，当且仅当$\| A_P \| \sigma \in \| A_{\theta} \|^{\sigma} (i)$；

（iii）（$A_{\Sigma} A_P B_P$）在赋值σ下为真，当且仅当$\| B_P \|^{\sigma} \in \| A_{\Sigma} \|^{\sigma} (i, \| A_P \|^{\sigma})$；

（iv）（$A_{\psi} A_{\tau}$）在赋值σ下为真，当且仅当$\| A_{\tau} \|^{\sigma} \in \| A_{\psi} \|^{\sigma}$；

（v）E（$A_{\tau} A_P$）A_{τ}在赋值σ下为真，当且仅当$< i, \| A_{\tau} \|^{\sigma}, \| A_P \|^{\sigma},$

$\| A_\iota \|^\sigma > \in E$；

（vi）t（B_P）在赋值 σ 下为真，当且仅当 $i \in id_2$（$\| B_P \|^\sigma$）；

（vii）》B_p在赋值 σ 下为真，当且仅当 $< i, \| B_P \|^\sigma > \in$》；

（viii）（$A_P > B_P$）在赋值 σ 下为真，当且仅当 id_1（$\| B_P \|^\sigma$）$\subseteq id_1$（$\| A_P \|^\sigma$）；

（ix）B = C 在赋值 σ 下为真，当且仅当 $\| B \|^\sigma = \| C \|^\sigma$；

（x）~B 在赋值 σ 下为真，当且仅当 B 为假；

（xi）（$B_1 \vee B_2$）在赋值 σ 下为真，当且仅当 B_1 和 B_2 中，至少有一为真；

（xii）□B 在赋值 σ 下为真，当且仅当 B 在所有的语境中为真；

（xiii）∀xB 在赋值 σ 下为真，当且仅当对于所有的真值指派 σ′，如果 σ′（x）≠σ（x），那么 B 在该语境 i 的该解释下为真。

定义附 2.9　在模型 M_{IL}中的某一话语情境 i 下，下列公式分别为真，当且仅当在该话语情境下如下的条件被满足：

（i）（$A_\mu A_p$）为真，当且仅当说话者使用达成模式 A_μ达成了一个附在命题 A_p上的语力点；

（ii）（$A_\theta A_p$）为真，当且仅当命题 A_p满足命题内容条件 A_θ；

（iii）（AΣApBp）为真，当且仅当如果不预设命题 Bp 为真，那么说话者就不能履行被如下规定的以言行事行为：该以言行事行为的语力为 Fn，且该语力 Fn 的预备条件为 AΣ、命题内容为 Ap；

（iv）（$A_\psi A_\tau$）为真，当且仅当如果不假定 P 所表征的心理状态模式 A_τ为真，那么说话者就不能真诚地履行一个以言行事行为 F_n（P），且该语力 F_n的真诚条件为 A_ψ；

（v）（E（$A_\tau A_p$）A_ι）为真，当且仅当说话者表达出了力度 A_ι、心理状态 A_τ以及命题内容 A_p；

（vi）t（A）为真，当且仅当命题 A 为真；

（vii）（》A）为真，当且仅当命题 A 被预设为真；

（viii）（A > B）为真，当且仅当命题 B 包含命题 A；

（ix）（A = B）为真，当且仅当 A 与 B 指称相同的对象；

（x） ~A 为真，当且仅当 A 为假；

（xi）□A 为真，当且仅当 A 在该解释中的所有语境下都为真；

（xii）（A∨B）为真，当且仅当 A 与 B 至少有一为真；

（xiii）s（A）为真，当且仅当以言行事行为 A 被成功履行；

（xiv）$_t$（$A_φ A_p$）为真，当且仅当以言行事行为 $A_φ$（A_p）被满足；

（xv）$A_Ω$ ▽ $B_Ω$为真，当且仅当以言行事行为 $A_Ω$承诺说话者以言行事行为 $B_Ω$；

（xvi）$A_φ$ ▽ $B_φ$为真，当且仅当拥有语力 $A_φ$以及命题内容 P 的任一以言行事行为都承诺说话者拥有语力 $B_φ$以及相同命题内容 P 的以言行事行为。

这一语力逻辑系统克服了特定以言行事行为逻辑的缺点，即将自身的系统建立在以言行事行为普遍理论的基础上，因此语力逻辑系统中能够体现所有以言行事行为的共性并进行统一的逻辑刻画。但是该系统仍存在如下两个缺点：

第一，以言行事行为理论虽为该系统提供了哲学基础，但是也局限了系统的构建。从本质上来看，这一系统只是使用了逻辑的语言将已有的理论进行形式化处理而已，并没有提出新的见解或者问题。而且这种局限性使得这一语力系统虽然注意到了以言行事行为是一种行动的这一特点，但却并没有借鉴行动理论中的已有成果，也并没有在系统中体现出行动这一特性。

第二，该系统借助命题态度刻画说话者的心理状态因素，但是复杂的心理状态并不是借助于命题态度就可以得到完整刻画的，而且说话者所使用的命题态度也完全可以与自身的心理状态相反甚至不相干，所以使用命题态度刻画心理状态的做法并不恰当。

因此，这一系统虽然意识到以言行事行为中的一些构成部分（如真诚条件）对以言行事行为的履行具有重要的影响作用，但归根结底却并没有把这一作用的出现归结到主事性上去，更没能在其语力系统中成功地刻画行动。

附录3　刻画不同应当算子的 STIT 逻辑*

道义逻辑中包含应当算子的语句可被区分为应是语句（ought-to-be statements）与应做语句（ought-to-do statements）两类。P. D'Altan 等将应是语句定义为那些表述了一个理想的事态但却不必然会涉及承担这一事态的行动者以及行动的语句，而应做语句则是那些具有“某一行动者应该履行某一行动”这一形式的祈使句，① 由此可见应是语句表述的是理想的事态，而应做语句表述的则是（某一行动者的）理想的行动，这两类语句本质上是不同的，因此在错误容忍系统（fault-tolerant systems）等计算机编程系统中都对这两类语句加以严格区分。然而，在很多情况下，我们却倾向于研究这两类语句之间的关系问题。正如下面的例子：②

对于银行账户的存取款问题，如果要给出一个道义上详尽且尽量全面的限制，那么从下面这一应是语句（1）：

---

* 本节内容已发表，参见贾青《刻画不同应当算子的 STIT 逻辑》，《世界哲学》2019 年第 5 期。

① P. D'Altan, J. – J. Ch. Meyer and R. J. Wieringa, "An Integrated Framework for Ought-to-be and Ought-to-do Constraints", *Artificial Intelligence and Law*, 4 (2). 1996: 77 – 111.

② P. D'Altan, J. – J. Ch. Meyer and R. J. Wieringa, "An Integrated Framework for Ought-to-be and Ought-to-do Constraints", *Artificial Intelligence and Law*, 4 (2). 1996: 77 – 111.

（1）任一银行账户的余额都不应为负。

我们希望可以推出下面的应做语句（2）：

（2）如果一个银行账户的余额为 n 且 m 大于 n，那么就禁止从该账户中提取金额 m。

另外，下面的语句（3）也是我们希望能够表达的：

（3）如果一个银行账户的余额为 n 且 n 小于 0，那么就允许向这个账户中存入金额 m 且 m + n 大于 0。

因此，我们要做的就是刻画这两类语句之间的联系。

针对应是语句与应做语句间的关系问题，以往主要有下面的三种方案：

（1）梅农—齐硕姆方案（Meinong-Chisholm approach）

（2）将应是语句化归为应做语句的方案

（3）将应是语句与应做语句都化归为真势模态逻辑语句的方案

R. M. Chisholm 给出梅农—齐硕姆方案。[①] 该方案指出对于任一行动者α，α应当做某件事当且仅当α做这件事是应当的。这一方案不但将应做转变为应是，还会导致对应做语句中主事性因素的不敏感，所以遭到了很多学者的反对，如 P. Geach[②]、G. Harman[③] 以及 J. Horty[④] 等。

方案（2）将应是语句化归为应做语句。将应是语句化归为应做语句的方法多种多样。D'Altan 就集中总结了将应是语句定义为应做语句的四种主要的定义方式。然而，这些定义都有其不直观甚至不恰当的地方存在，很难满足人们对应是语句以及应做语句的一些日常直觉。

---

① R. Chisholm, "The Ethics of Requirement", *Amarican Philosophical Quarterly*, 1 (2). 1964: 147 – 153.

② P. Geach, "Whatever Happened to Deontic Logic", *Philosophia*, 11 (1). 1982: 1 – 11.

③ G. Harman, *Chang in View: Principles of Reasoning*, Cambridge: The MIT Press, 1986.

④ J. Horty, *Agency and Deontic Logic*, New York: Oxford University Press, 2001.

例如下面的这一定义：

一个事态是应当的，当且仅当其是一个应做的行动的结果。

由于很多应当的事态并不是任何行动的结果（如太阳从东方升起这是应当的），所以这也造成这一定义并不符合我们的日常直观。[①]

方案（3）将应是语句与应做语句都化归为真势模态逻辑语句。这一方案几乎同时由 A. Anderson 和 S. Kanger 所分别提出。Kanger 在真势模态逻辑的语言中加入常项 d 以表示所有（相关）的道德要求都被满足。[②] 其在模态逻辑 K 中加入公理◇d 以表示所有（相关）的道德要求都被满足这是可能的；而 Anderson 和 Moore 则引入常项 s 以表示某一（或者某些）道德要求被违反。[③] 由于 d 可被定义为 s 的否定，所以这里我们将主要介绍和借用 Anderson 的工作。在 Anderson 的工作中，对于任一命题 p，p 是应当的，就可被定义为$\Box(\neg p\rightarrow s)$，即如果 p 为假，那么就有某一（或者某些）道德规范被违反，这是必然的。除此之外，还将相干蕴涵引入到对应当算子的定义中去，即将$\Box(\neg p\rightarrow s)$中的实质蕴涵替换为相干蕴涵。

方案（3）能利用真势模态逻辑中的很多工具和手段来刻画应是语句和应做语句。这一方案还能直接在真势模态逻辑系统的基础上通过定义应当算子以及增加新公理的方法来给出道义逻辑系统。除此之外，通过这一方案我们在句法层面上就能给出道义算子一个较为直观的界定，所以本书中我们将采用方案（3）来给出应是语句和应做语句的形

① P. D'Altan, J. -J. Ch. Meyer and R. J. Wieringa, "An Integrated Framework for Ought-to-be and Ought-to-do Constraints", *Artificial Intelligence and Law*, 4（2）. 1996：77 -111.

② S. Kanger, "New Foundations for Ethical Theory", in *Deontic Logic*：*Introduction and Systematic Readings*. R. Hilpinen（ed.）, Dordrecht：D. Reidel, 1971：45 -50.

③ A. Anderson, O. Moore, "The Formal Analysis of Normative Concepts", *The American Sociological Review*, 22（1）, 1957：9 -17.

式刻画，进而说明两者间的关系问题。

一 STIT 逻辑及其在道义逻辑中的应用

作为一种行动理论，STIT 逻辑除了能被用来讨论行动的逻辑刻画问题外，还能被用来刻画道义逻辑中的很多问题，例如对条件式应当（conditional obligation）的分析以及应做语句的刻画等。

在刻画应做语句方面，Belnap 等给出了下面的三个定义：[①]

定义（1）$O[\alpha]^{d}A =_{df}\Box(\neg[\alpha]^{d}A \rightarrow s)$

定义（2）$O[\alpha]^{d}A =_{df}\Box([\alpha]^{d}\neg A \rightarrow s)$

定义（3）$O[\alpha]^{d}A =_{df}\Box([\alpha]^{d}\neg[\alpha]^{d}A \rightarrow s)$

其中，O 是应当算子，s 是常项，其直观解释为“惩罚”（sanction），也可被解释为“做了某种错事”。

直观来说，按照上述的三种定义方式，$O[\alpha]^{d}A$ 可被解释如下：

定义（1）的直观解释：

如果 α 没有确保 A 为真，那么 α 就做了某种错事，这是必然的。

定义（3）的直观解释：

如果 α 确保 A 为假，那么 α 就做了某种错事，这是必然的。

定义（3）的直观解释：

如果 α 确保其没有确保 A 为真，那么 α 就做了某种错事，这是必然的。

Anderson 和 Moore 给出了将应是语句化归为真势模态逻辑语句的方法。很明显，上述的三个定义也遵循了这一传统，并且更进一步地将应

① N. Belnap, M. Perloff and M. Xu, *Facing the Future: Agents and Choices in Our Indeterminist World*, New York: Oxford University Press, 2001.

做语句也化归为真势模态逻辑语句。

Belnap认为定义（2）和定义（3）因为过于严格而应该被拒斥，因此其着重使用定义（1）来讨论条件式应当的问题。然而，定义（2）和定义（3）虽然在对主事性的要求上比定义（1）要更为严格，却能帮助我们理清对主事性的不同要求会对应做语句刻画所产生的不同影响，进而说明这种改变对应是语句与应做语句关系问题刻画所产生的影响，因此这里我们保留了上述的三个定义，并在这三种定义的基础上分别进行了讨论。

二　系统的构建与解析

Belnap使用dstit算子给出了一个多主体的STIT系统Ldm。[①] 以系统Ldm为基础，我们将给出刻画应是语句与应做语句之间关系的STIT系统Ldo。Ldo的语言是在Ldm的语言中添加常项s而得到的。与STIT逻辑中的BT + AC框架相比，Ldo的框架是一个五元组⟨Tree，R，Agent，Choice，Opt⟩，其中⟨Tree，R，Agent，Choice⟩是一个BT + AC框架，Opt是由历史构成的非空集。直观上来说，Opt所表示的就是历史集合中的那个由“最理想或者最好的”历史构成的子集。这一框架可被简称为BT + AC + Opt。在这一框架上添加赋值函数就能得到BT + AC + Opt模型。这一模型中历史集Opt的作用就是给出常项s语义解释，即对于任意的BT + AC + Opt模型以及任意的时间点m和经过m的历史h，常项s在其中为真，当且仅当h不属于历史集Opt，即s所在的历史不是“最理想或者最好的”历史。

① N. Belnap，M. Perloff and M. Xu，*Facing the Future*：*Agents and Choices in Our Indeterminist World*，New York：Oxford University Press，2001.

由于 Ldo 是以系统 Ldm 为基础构建的，所以 Ldm 中的公理自然都是 Ldo 中的公理。另外，系统为了说明 Belnap 所给出的应做语句的三种定义方式之间的联系还分别给出了三个公理。其中由公理 $[\alpha]^d\neg A\rightarrow\neg[\alpha]^d A$ 可得应是语句的三种定义中，定义（1）可推出定义（2）；由公理 $[\alpha]^d\neg[\alpha]^d A\rightarrow\neg[\alpha]^d A$ 可得出定义（1）可推出定义（3）；这类公理的最后一个给出了应做语句三种定义方式之间的联系，即在条件 $[\alpha]^d$ $[\alpha]^d\neg A$ 和 $[\alpha]^d\neg[\alpha]^d A$ 下，这三种定义方式等同。

除此之外，由于我们构建这一系统的目的就是给出应是语句与应做语句之间联系和区别的刻画方式，所以系统给出了一些刻画这种联系的公理，例如 $\Box A\rightarrow\neg[\alpha]^d A$，即如果 A 是必然的，那么行动者 α 确保 A 为真。因此可得，如果采用应做语句的定义（1），那么就可得如果行动者 α 确保 A 为真这一行动是应做的，那么若 $\neg A$ 是可能的，则就做错了什么事，这也是应当的。

需要说明的是，该系统中的推导规则分别是分离规则和必然化规则。

在 STIT 逻辑中，一个 stit 语句既是祈使句也是陈述句，因此我们没有必要对应是语句和应做语句中的应当算子加以区分。在 Ldo 中，对于任意的语句 A，如果 A 不是 stit 语句，那么 OA 就表示“A 是应当的”这一应是语句且 OA 就要被定义为：$\Box(\neg A\rightarrow s)$，即如果 A 为假，那么就做错了什么事这是必然的。

由于在该系统中应当算子可以由必然算子引入，因此 Belnap 对应是语句的三种定义方式就可以通过对应当算子加下标的方式引入，即根据定义（1）所引入的应当算子就表示为 O_1，而根据定义（2）或者定义（3）所引入的应当算子就分别表示为 O_2 或者 O_3。在此基础上，我们就可以在系统 Ldo 中推出不同应当算子所刻画的应做语句之间的关系以及应做语句与应是语句之间的关系。实际上，对于 $O[\alpha]^{d}A$ 的三个定义而言，定义（2）和定义（3）是在对应做语句中主事性因素的刻画要求更为严格的条件下而得到的，因此能够帮助我们理解在主事性因素刻画更为鲜明的定义中应是语句与应做语句之间的关系刻画问题。正因如此，我们才保留了定义（2）和定义（3），以便于比较这种对主事性的“严格”刻画所带来的结果。

另外，该系统是可靠且完全的，因此具有最基本的一些逻辑元性质。

STIT 逻辑以及 PDL 是当今逻辑学界刻画行动的两种重要理论，因此在涉及应做语句刻画的问题上也以这两种理论为主。D'Altan 等曾利用 PDL 理论给出了系统 $PDeL^{AM}$ 以便于将应是语句和应做语句的刻画整合到一个系统中去。① 相较于系统 $PDeL^{AM}$，这里所给出的系统 Ldo 主要有如下的几个优势：

（1）在 STIT 逻辑中，stit 语句既是祈使句也是陈述句。因此在包含应是语句与应做语句的系统中，stit 语句与一般的陈述句可共同使用同一道义逻辑算子，如 O、P、F 等，而不必像系统 $PDeL^{AM}$ 那样必须对复加在陈述句和行动前面的道义逻辑算子加以区分。这一特点可以使我们的系统更为简便（涉及更少的算子），也更便于刻画应是语句与应做语句之间的关系。

（2）在系统 Ldo 中，我们给出了直接刻画应是语句与应做语句间关系的沟通规则，而系统 $PDeL^{AM}$ 则更多的是将应是语句与应做语句整合到一个系统当中以便于观察两种语句在很多性质上的异同，而对于应是语句与应做语句间关系的刻画反而不够明显。

---

① P. D'Altan, J. -J. Ch. Meyer and R. J. Wieringa, "An Integrated Framework for Ought-to-be and Ought-to-do Constraints", *Artificial Intelligence and Law*, 4 (2). 1996: 77-111.

（3）STIT 逻辑强调主事性在行动刻画中的作用。依据对行动中主事性因素的刻画严苛程度不同就能得到不同的应做语句定义方式。在系统 Ldo 中，我们采纳了应做语句的三种定义方式，这使得我们能够清楚地了解到对主事性要求的不同方向或者不同严格程度会得到什么样的结论。然而这一由于对主事性的不同刻画所导致的对应做语句的不同定义是系统 $PDeL^{AM}$ 做不到的。

另外，相较于其他系统而言，系统 Ldo 还能更为合理地刻画应是语句与应做语句之间的关系。例如，上文中给出了两种语句间的下述定义方式：

一个事态是应当的，当且仅当其是一个应做的行动的结果。

改写为系统 Ldo 中的公式就是 $OA \leftrightarrow O[\alpha]^{d}A$，由于 $O[\alpha]^{d}A \rightarrow OA$ 并不是系统 Ldo 中的定理，所以此定义仅有 $OA \rightarrow O[\alpha]^{d}A$ 这一方向在系统 Ldo 中是成立的。这种解释方式不但避免了上文中所述的原定义中不合直观之处（很多应当的事态并不是任何行动的结果），还能给出应是语句与应做语句间一个合乎直观的刻画。

三　未解决的问题

这里的讨论给出了这一问题一个较为形式化的回答，利用 STIT 逻辑给出了刻画应是语句与应做语句间联系的系统 Ldo。在这一系统中，我们可以得到很多刻画应是语句与应做语句之间关系的公理或者定理，但是这其中也会存在一些定理是我们很难给出其直观解释的，能否给出这些定理直观解释或者说明这些定理所言为何就是一个还未说明的问题。

经典的道义命题系统中，道义算子应当 O、允许 P、禁止 F 之间是具有对偶关系的，然而，在STIT逻辑中，道义算子之间的这种对偶关系不再成立。在这种情况下，如何在应做语句三种定义的基础上分别给出允许算子和禁止算子的定义就是需要我们进一步研究的问题。

参考文献

中文参考文献

陈波：《逻辑哲学》，北京大学出版社 2006 年版。

黄华新、何键枫：《包含选择名字的 STIT 逻辑初探》，《湖南科技大学学报》（社会科学版）2019 年第 6 期。

贾青：《主事性在以言行事行为中的逻辑刻画》，博士学位论文，中国人民大学哲学院，2011 年。

贾青：《主事性的模态逻辑进路》，《重庆理工大学学报》2018 年第 9 期。

贾青：《刻画不同应当算子的 STIT 逻辑》，《世界哲学》2019 年第 5 期。

贾青：《STIT 逻辑的发展与应用》，《哲学动态》2019 年第 6 期。

贾青：《连续行动的分类和逻辑刻画》，《科学技术哲学研究》2021 年第 4 期。

贾青、贾志海：《应是与应做》，《燕山大学学报》2017 年第 6 期。

外文参考文献

A. Anderson, "Logic, Norms and Roles", *Ratio*, 4 (36). 1962: 36-49.

A. Anderson, O. Moore, "The Formal Analysis of Normative Concepts", *The American Sociological Review*, 22 (1), 1957: 9-17.

A. Bressan, *A General Interpreted Modal Calculus*, New Haven: Yale University, 1972.

A. Herzig, N. Troquard, "Knowing How to Play: Uniform Choices in Logics of Agency", in *AAMAS' 06 Proceedings of the Fifth International Joint Conference on Autonomous Agents and Multiagent Systems*, G. Weiss and P. Stone (eds.). New York: ACM Press, 2006: 209 - 216.

A. Kenny, *Action*, *Emotion and Will*, London: Routledge and Kegan, 1963.

A. Martinich, *The Philosophy of Language*, New York: Oxford University Press, 2001.

A. Prior. *Past*, *Present and Future*, Oxford: Oxford University Press, 1967.

B. Chellas, *The Logical Form of Impretives*, Stanford: Perry Lane Press, 1969.

C. Ginet, *On Action*, Cambridge: Cambridge University Press, 1990.

D. Bennett, "Action, Reason and Purpose", *The Journal of Philosophy*, 62 (4). 1965: 85 - 96.

D. Davidson, Agency (1971), reprinted in *Essays on Actions and Events*, Oxford: Clarendon Press, 1980: 43 - 61.

D. Vanderveken, *Meaning and Speech Acts II*: *Formal Semantics of Success and Satisfaction* 2nd, New York: Cambridge University Press, 2009.

F. Fitch, "A Logical Analysis of some Value Concepts", *Journal of Symbolic Logic*, 28 (2). 1963: 135 - 142.

G. Harman, *Chang in View*: *Principles of Reasoning*, Cambridge: The MIT Press, 1986.

G. Payette, "Decidability of an Xstit Logic", *Studia Logica*, 102 (3). 2014: 577 - 607.

G. von Wright, *Norm and Action*: *A Logical Inquiry*, London: Routledge and Kegan, 1963.

H. Wansing, "Nested Deontic Modalities: Another View of Parking on High Ways", *Erkenntnis*, 49 (2), 1998: 185 - 199.

H. Wansing, "Obligations, Authorities, and History Dependence", in *Essays in Non-classical Logic*. H. Wansing (ed.) . Singapore: World Scientific Publlishing Co. Pte. Ltd, 2001: 247 - 258.

J. Almog, J. Perry and H. Wettstein (eds.), *Themes from Kaplan*, Oxford: Oxford University Press, 1989.

J. Austin, *How to Do Things with Words*, Clarendon: Harvard University Press, 1962.

J. Broersen, A Complete STIT Logic for Knowledge and Aciton and Some of Its Applications. in *DALT* 2008, *LNAI* 5397, M. Baldoni, et al. (eds.), Berlin Heidelderg: Springer-Verlag, 2009: 47 - 59.

J. Broersen and A. Herzig, "Using STIT Theory to Talk about Strategies", in *Models of Strategic Reasoning: Logics, Games, and Communities*. J. van Benthem, et al. (eds.) . Berlin Heidelderg: Springer-Verla, 2015: 137 - 173.

J. Feinberg, "Action and Responsibility", in *Philosophy in America*, M. Black (ed.) . London: George Allen and Unwin Ltd, 1964.

J. Horty, *Agency and Deontic Logic*, New York: Oxford University Press, 2001.

J. Horty, E. Pacuit, "Action Types in STIT Semantics", *The Review of Symbolic Logic*, 10 (4) . 2017: 617 - 637.

J. Searle, *Expression and Meaning: Studies in the Theory of Speech Act*, Cambridge: Cambridge University Press, 1979.

J. Searle, *Intentionality: An Essay in the Philosophy of Mind*, Cambridge: Cambridge University Press, 1983.

J. Searle, D. Vanderveken, *Foundations of Illocutionary Logic*, Cambridge: Cambridge University Press, 1985.

J. Urmson and G. Warnock, *Philosophical Papers*, Oxford: Oxford University Press, 1979.

J. van Benthem, *Logical Dynamics of Information and Interaction*, New York: Cambridge University Press, 2011.

J. van Benthem, "Talking about Knowledge", in *Rohit Parikh on Logic, Language and Society*, C. Bakent, L. Moss and R. Ramanujam (eds.), Cham: Springer, 2017: 121 - 143.

J. van Benthem, E. Pacuit, "The Tree of Knowledge in Action: Towards a Common Perspective", in *Proceedings of Advances in Modal Logic* 6. G. Governatori, I. Hodkinson and Y. Venema (eds.). London: King's College Press, 2006: 87 - 106.

J. van Benthen and E. Pacuit, "Connecting Logics of Choice and Change", in *Nuel Belnap on Indeterminism and Free Action*, T. Müller (ed.). Cham: Springer, 2014: 291 - 314.

J. van Der Hoek, M. Pauly, "Modal Logic for Games and Information", in *Handbook of Modal Logic*, Volume 3 of *Studies in Logic*. P. Blackburn, J. van Benthem and F. Wolter (eds.). Amsterdam: Elsevier, 2006: 1077 - 1148.

K. Sterelny, *The Evolution of Agency and Other Essays*, Cambridge: Cambridge University Press, 2001.

M. Xu, "Busy Choice Sequences, Refraining formulas, and Modalities", *Studia Logica*, 54 (3). 1995: 267 - 301.

M. Xu, "Combinations of Stit and Action", *Journal of Logic*, *Language and Information*, 19 (4). 2010: 485 - 503.

M. Xu, "Actions as Events", *Journal of Philosophical Logic*, 41 (4). 2012: 765 – 809.

M. Xu, "Combinations of STIT with Ought and Know", *Journal of Philosophical Logic*, 44 (6). 2015: 851 – 877.

N. Belnap, "Branching Space-time", *Synthese*, 92 (3). 1992: 385 – 434.

N. Belnap, "Double Time References: Speech-act Reports as Modalities in an Indeterminist Setting", in *Advances in Modal Logic* 3. F. Wolter, H. Wansing, M. De Rijke and M. Zakharyaschew (eds.), Stanford: CSLI Publications, 2001: 1 – 22.

N. Belnap, "A Theory of Causations: Causae Causantes (Originating Causes) as Inus Conditions in Branching Space-times", *British Society for the Philosophy of Science*, 56 (2). 2005: 221 – 253.

N. Belnap, "Prolegomenon to Norms in Branching Space-times", *Journal of Applied Logic*, 9 (2). 2011: 83 – 94.

N. Belnap, "Internalizing Case-Relative Truth in CIFOL +", in *Nuel Belnap on Indeterminism and Free Action*. T. Müller (ed.). Cham: Springer, 2014: 57 – 74.

N. Belnap, M. Perloff and M. Xu, *Facing the Future: Agents and Choices in Our Indeterminist World*. New York: Oxford University Press, 2001.

N. Belnap, P. Bartha, "Marcus and the Problem of Nested Deontic Modalities", in *Modality, Morality and Belief*. W. Sinnott Armstrong, D. Raffman and N. Asher (eds.), Cambridge: Cambridge University Press, 1995: 130 – 145.

N. Belnap, T. Müller, "CIFOL: Case-Intensional First Order Logic (I) Toward a Theory of Sorts", *Journal of Philosophical Logic*, 43 (2 – 3).

2014 (a): 393 –437.

N. Belnap, T. Müller, "BH-CIFOL: Case-IntensionalFirst Order Logic (II) Branching Histories", *Journal of Philosophical Logic*, 43 (2 –3) .2014 (b): 835 –866.

P. D'Altan, J. –J. Ch. Meyer and R. J. Wieringa, "An Integrated Framework for Ought-to-be and Ought-to-do Constraints", *Artificial Intelligence and Law*, 4 (2) .1996: 77 –111.

P. Geach, "Whatever Happened to Deontic Logic", *Philosophia*, 11 (1). 1982: 1 –11.

R. Carnap, *Meaning and Necessity: A Study in Semantics and Modal Logic*, Chicago: University of Chicago Press, 1947.

R. Chisholm, "The Ethics of Requirement", *Amarican Philosophical Quarterly*, 1 (2) .1964: 147 –153.

R. Chisholm, "Symposium: Action, Motive and Desire. the Descriptive Element in the Concept of Action", *Journal of Philosophy*, 90. 1964: 613 –625.

R. Chisholm, "Freedom and Action", in *Freedom and Determinism*, K. Lehrer (ed.) . New York: Random House, 1966: 11 –44.

R. Chisholm, "Human Freedom and the Self (1964)", reprinted in *Free Will* (2nd), G. Watson (ed.) . Oxford: Oxford University Press, 2003: 26 –37.

R. Thomason, "Indeterminist Time and Truth-value Gaps", *Theoria*, 36 (3). 1970: 264 –281.

S. Kanger, "New Foundations for Ethical Theory", in *Deontic Logic: Introduction and Systematic Readings*, R. Hilpinen (ed.), Dordrecht: D. Reidel, 1971: 45 –50.

S. Kanger and H. Kanger, "Rights and Parliamentarism", *Theoria*, 32 (2).

1966：85 –115.

T. Müller，"On the Formal Structure of Continuous Action"，in *Advances in Modal Logic* 5. edited Schmidt，R.，et al.（eds.）. London：King's College Publications，2005：191 –209.

T. Müller，*On the Problem of Defining the Present in Special Relativity：A Challenge for Tense Logic*，Time and History：Proceedings of the 28 International Ludwig Wittgenstein Symposium，Kirchberg am Wechsel，Austria，2005.

T. Müller，"Towards a Theory of Limited Indeterminism in Branching Space-times"，*Journal of Philosophical Logic*，39（4）. 2010：395 –423.

T. Müller，"A Generalied Manifold Topology for Branching Space-times"，*Philosophical of Science*，80. 2013：34 –76.

T. Müller，"Things in Possible Experiments：Case-Intensional Logic as a Framework for Tracing Things from Case to Case"，in *New Directions in the Philosophy of Science：the Philosophy of Science in a European Perspective* vol 5. M. Galavotti，D. Dieks，W. Gonzalez，S. Hartmann，T. Uebel，M. Weber（eds.）. Springer：Cham，2014：3 –14.

W. Hohfeld，*Fundamental Legal Conceptions as Applied in Judicial Reasoning，and Other Essays*，New Haven：Yale University Press，1919.

Z. Vendler，"Verds and Times"，*The Philosophical Review*，66（2）. 1957：143 –160.

刘虎："A Temporal-Spatial Logic for Branching Space-times"，《逻辑学研究》2019 年第 4 期。

张炎："Decidability of Logics Based on an Indeterministic Metric Tense Logic"，博士学位论文，武汉大学哲学学院，2015 年。